感じる マネジメント

リクルート HCソリューショングループ

EIJI PRESS

はじめに

❖それは、問いから始まった

「理念を、全社に浸透させたい。冊子を配って終わり、にはしたくないのです。歴史的・経験的に実証された、理念浸透の基本となる考え方を、一緒につくっていただけますか」

二〇〇四年のある日、ある企業の人事部長から投げかけられた、この一言。

この本は、この依頼に応えようとした、私とチームの、旅の記録です。

理念の浸透。旅の中で私たちは、理念とは「浸透」するものではなく

「共有」するものである、という見解に至りました。
理念の共有とは、それにしても、永遠ともいえるテーマです。

なぜ、理念を共有する必要があるのか。
理念共有に当たって、大切な考え方や姿勢があるとすれば、何か。
実際に、どんなアプローチが、理念共有を促すのか。

この本では、私たちが大切に取り組んできたこれらの問いの、答えを探す旅に、読者の皆様をお連れします。

❖私たちの問題意識

実は、私たちの旅は、これより以前、二〇〇二年に始まっています。

株式会社リクルートに、人と組織の課題解決を使命とするＨＣソリューション・グループ（以下ＨＣ）が発足。外資系戦略コンサルティング会社のプロジェクト・マネジャーだった私も、リクルートに移り、その立ち上げに参加することにしました。

理念浸透は、ＨＣがその発足当初から、大切なテーマとして取り組んできたものです。

日本では当時、ネットバブルが崩壊、米国同時多発テロの影響もあり株価が低迷していました。勝ち組、負け組といった二分論的論調が広がり、また、株主価値最大化の掛け声の下、従業員の解雇や工場の閉鎖といった「合理化」が盛んに行われていました。しかし、「合理的」とされる戦略や指針が、一方で多くの人々の心を傷つけ、企業の中での連帯感や目的意識といったものが急速に薄れていった時期でした。何のために、何を大切にといった「そもそも論」が希薄化していたのです。

一方で、この時期、日本企業で「雇用形態の多様化」が急速に進みました。それまで新卒で入社した正社員が当たり前だった職場に、中途入社、契約社員、派遣、インディペンデント・コントラクター（独立請負業者）などさまざまな人々が加わるようになりました。また「グローバル化」によって、言語や文化の異なる人々と働くことが、多くの会社において日常的なことになりました。画一性・同質性を前提としたマネジメントが成り立たなくなり、「そもそも論」の必要性が増したのです。

そのような時期に、本来「人の価値を信じる」という立場で経営されてきたリクルートにおいて、ＨＣが理念の再構築と浸透というテーマを選んだのは、自然なことだったと、振り返って今思います。

❖理念とは何か

理念、といっても、その概念は広く、また呼び方もさまざまです。私たちは、企業における判断や意思決定、行動の基準となるような思想や哲学を、総じて理念と捉えて取り組みをはじめました。社是、経営理念、ビジョン、ミッション、バリュー、行動規範などが含まれます。

幸い、多くのクライアント企業と共に仕事に取り組む機会に恵まれました。

自動車メーカーでは、「ビジョン・ミッション・バリュー」の構築と浸透支援を。

別の輸送機器メーカーでは、役員の新ビジョン浸透の全国行脚のお手伝いを。

金融機関では、「経営理念」の職場での浸透活動促進のサポートを。

システム・インテグレータでは、戦略の大きな変更が論理と情緒両面で従業員から理解され感じられるように、戦略の整理・明確化からメッセージ作り、そしてその展開に至るまで、お手伝いさせていただきました。

中でも、二〇〇四年の初春に始まった株式会社デンソー（以下、デンソー）とのプロジェクトは、私たちにとってかけがえのないものとなりました。

プロジェクトは、「デンソー・スピリット」の言語化に始まります。「デンソー・スピリット」とは、同社の社員がその歴史を通じて大切にしてきた、そしてこれからも大切にしていくべき「価値観・信念」を表したものです。

冒頭に記したデンソーの人事部長の問いかけを受け、私たちはそれまでに築いてきた理念浸透のメソッドを根本から再検討しました。そして、新たな「理念〈共有〉の基本的な考え方」をまとめました。さらに、それに基づいて、研修（ワークショップ）、ビデオ、サーベイ、冊子やポスターなどのツールを提供。足掛け四年に及ぶコンサルティングを通じて、遠大なプロジェクトの一つ一つの局面を、デンソーのプロジェクトチームと共に歩んできました。

「世界三十カ国に広がる、十万人の社員」を視野に。

二〇〇七年春の今、デンソー・スピリット共有の活動は世界に広がっています。取り組みとその成果が、世界各地から報告されてきています。私たちは大きな手応えを感じています。

❖旅の始まり

この本は、若干風変わりかも知れません。

個別具体的なノウハウを公開することを目的とはしていません。理念の共有は、ノウハウレベルの施策だけで実現できることではないからです。

そのため、デンソーと私たちの物語★を軸に話を進めます。

「歴史的・経験的に実証された、理念浸透の基本となる考え方を、一緒につくっていただけますか」

問いに答えようとする旅の中で私たちが見つけた、理念の共有に必要な「基本的な考え方」、持つべき力、見直すべき古来の智恵、心のあり方、姿勢。

★デンソーの物語の登場人物はすべて仮名とし、一部に脚色を施した。また、第六章で紹介する松下電器産業のマネジャーも仮名とした。登場人物の肩書きはすべて当時のものである。

理念を共有できる経営を希求する中から見えてきた、経営のあり方、人事のあり方に関する思索。
理念を仕事の対象にしてきたから見えてきた、私たちチームの、理念。
それらを、読者の皆様に語りかけています。

こうすることで、皆様の中にそれぞれの、何らかの思いや考えが生まれてくることを望んでいます。

では、一緒に出掛けましょう。
この本と過ごす時間が、あなたにとって意味深いものになりますように。

リクルート　ＨＣソリューショングループ　高津　尚志

Contents

目次

人事部長の不安

I

デンソー・プロジェクト・ストーリー①

世界三十カ国、総勢十万人の人々が、同じ理念を共有する。
――途方もない話だと思った。

❖価値観の「希薄化」という不安

日本最大手、世界第二位の自動車部品メーカー、デンソー。

一九七一年に初の海外拠点となるニッポンデンソー・オブ・ロサンゼルスを設立して以来、同社は東南アジア、オーストラリア、ヨーロッパ、南米、と世界各地に拠点を拡げ、九〇年代以降は中国、中東にも進出した。二〇〇三年には高度成長を続ける中国における統括拠点として電装（中国）投資有限公司を設立。

急速なグローバル化に併せて業績も伸長し、この物語が始まる頃には、売上高は連結で二兆五千億円を臨むところまで来ていた。

しかし、いまや世界に十万人の従業員を抱えるグローバル企業となった同社には、成長の陰で、ある漠然とした不安が生じていた。

「〈デンソーらしさ〉が失われるのではないか。そんな気がしてならない」

人事政策をグローバルに構想する立場になってから、佐藤人事部長はしきりにそう思うようになった。従業員は、容易に手の届かない遠くに、まさに地球の裏側にもいる。異なる文化と社会のなかに生きる、見ず知らずの従業員たち。それがますます増えているのだ。

佐藤部長だけでなく、社長はじめ経営陣の誰もが同じ不安を感じていた。

「生産システムの移転は進んでいるが、その定着を支えるべき価値観や信念の浸透が不十分だ。そのため今後、これまでにデンソーが築き上げ保ってきた高い品質や顧客からの信頼が損なわれるおそれがある」

システムを動かすのは人であり、人々を束ねるのは価値観だ。社員がどんな価値観を持って働くのかは、最終的には業績にも影響を及ぼすに違いない。

ただし、それは短期的な数字としては見えてはこない。

目に見えないからこそ、怖いのだ。

ちょうど巷では流行語のように「グローバル化」を唱えていた風潮が一段落し、とりわけ中国での事業展開について、「安易に進出すると痛い目に遭う」とか「文化・慣習が違いすぎて、とても管理し切れない」といった議論が目に付くようになっていた。

国籍も人種も言語も宗教もバラバラな、無数の従業員を世界中に抱えるようになったデンソーが、価値観の「希薄化」への漠然とした危機感を募らせてきたのは、無理もないことだった。

❖プロジェクトへの参画

二〇〇四年二月のある日、リクルート・フェローの野田稔先生が、私に電話をかけてきた。

野田先生は、野村総合研究所で組織・人事分野の多数のコンサルティング・プロジェクトに携わった後、現在は多摩大学経営情報学部で教鞭をとる傍ら、テレビ出演や著作・講演活動でも活躍している。

「社員のやる気をいかに引き出すか」といった先生の研究領域が、私たちリクルートＨＣの事業領域と重なるためもあって、先生とは以前から面識があった。

「近々、デンソーの社内で仕事の価値観や信念を浸透させるプロジェクトが始まります。それに私が関わることになりましてね」

デンソーの人事部が、海外拠点での現地人材の採用・育成・幹部登用などの指針を得るため、同社の価値観を「デンソー・スピリット」として明文化し、グローバルに浸透させていく取り組みに着手する、と聞かされたのはこのときだ。

価値観を明文化するにあたり、社外の人の意見も参考にしたいと考えた佐藤人事部長が、もともと同社の組織経営について助言を行うなど関係のあった野田先生に協力を依頼したのである。

「一緒にやりませんか」

先生の誘いを断る理由はなかった。そのしばらく前から、私はＨＣのチームと共に、「理念浸透」を一つのテーマに掲げていた。クライアント企業の「ビジョンの社内浸透」や「新戦略の社内マーケティング」などのお手伝いをするサービスの開発と提供に取り組んでいて、手応えも掴んでいた。

しかし、グローバル企業があらためて自社の価値観や信念を明文化し、それを世界中に浸透させていくという仕事のスケールの壮大さは、これまでにないものであった。

私は加わることにした。今にして思えば、それは私とチームにとって僥倖ともいうべき仕事とのめぐり合わせだった。

❖どの企業にも起こりうる

理念（いわゆる企業理念や、ビジョン、価値観、スピリットなど）を明文化し、浸透させる仕事、と言ってもなかなかイメージできないかもしれない。実際、こうした分野はビジネスやサービスとしては新しく、そのため固定的な方法論も確立されていない、開拓中の領域だ。

近年、この領域への注目が高まり、リクルートでもＨＣソリューション・グループとしてサービス開発に取り組んでいる背景には、人材の流動化や、人々の価値観の多様化といった要因がある。

終身雇用の時代が終わり、転職が普通のことになった。仕事の内容も、ワークスタイルも、個人が自分の志向に応じて自由に選択する時代になってきた。

一人ひとりの個が強まる一方で、企業は組織として一つにまとまって機能していかなければならない。そのためには、個人の気持ちを引きつけ、束ねる、理念や価値観が大切になるというわけだ。

良くも悪くも同質性が高かったと言われる日本の企業社会におけるこうした変化は、異質な文化との葛藤や協調を余儀なくされるグローバル化の動きと本質的に似通っている。いわば、小さなグローバル化が日本国内でも起こっている。

言い換えれば、理念の希薄化は、今日、どの企業にも起こりうることだ。

グローバル企業デンソーでの理念浸透プロジェクトは、国内企業の類似の課題を考える上でも、有益な示唆を与えてくれるのではないだろうか。

❖その先にある問い

こうして発足したプロジェクトの当初のメンバーは、佐藤人事部長をはじめデンソーの山口次長と中島氏、野田先生、表現の監修のために参画したリクルート・メディア・コミュニケーションズのクリエイティブディレクター・角井秀行氏、そして私の計六人。

デンソーには既にスピリットの骨子があった。「先進」「信頼」「総智・総力」という三つの言葉と、それぞれをさらに三つに分解した、合計九つのキーワードだ。

●先進……先取、創造、挑戦
●信頼……品質第一、現地現物、カイゼン
●総智・総力……コミュニケーション、チームワーク、人材育成一つ一つは、ありふれた言葉である。ただ「挑戦しろ」「コミュニケーションが大事だ」などと叫ぶだけでは、口先だけのものになってしまう。

言葉の中身、つまり言葉に込める意味をしっかり伝えられるか、どうか。

それを問い直し、より良いものにするため、社外の視点も取り入れて言葉をブラッシュアップする。そのために私たちが呼ばれたわけだ。

六人で、四時間のディスカッションを月に二回、半年にわたって続けた。

ディスカッション・パートナーとして貢献したい。野田先生は組織論の専門家としての知見を活かし、角井氏は概念を物語にして表現する手法を用いて、私は構造化のスキルを使って概念の明確化や整理を促す。三人は、それぞれの知識やスキルをフル活用して臨んだ。

デンソー側の意気込みには並々ならぬものがあった。社員アンケートやインタビューの実施、社史の分析、「デンソーらしさ」を体現する事例の収集。ディスカッションのために彼らは膨大な基礎資料を準備しており、その内容を私たちに丁寧に説明した。

それだけではない。彼らは一人のデンソー社員として自分自身が考えていること、思っていることを、じっくり語り聞かせてくれた。「私の考えるデンソー・スピリットとは、こういうものです」。「これが私の信念であり、職業観です」。

グローバル企業の屋台骨を支えるミドルたちが胸に抱いた思いを情熱的に語るその姿には、何か清々しいものがあった。

そうした熱意に私たちも触発された。一人ひとりの信念をベースに議論しよう。ディスカッション・パートナーである以上、異なる意見でもためらわずに彼らにぶつけ、ベストな結論に至るために戦うべきところは徹底的に戦おう。

「人材育成における重要な価値観は、上には下を育てる義務があるんだ、ということだと考えています」とデンソーの中島氏が言う。

「しかし、国内のデンソーには後進を育てる文化がありますが、海外の人々には、育てたがらない傾向があるんです。自分の仕事が減ってしまいますから。育てず、自分の仕事を守ろうとする。これにどう対抗するかが問題ですね」

「それで〈義務がある〉というわけですね。……しかし、〈義務〉という、強制するような表現が妥当かどうか」と野田先生。

「ええ。義務だから仕方なくやる、と受け取られては困りますし」と山口次長。

「そうですね……」

「そもそも、人材育成の考え方から問い直す必要があるかもしれません。義務という表現が適切かわかりませんが、〈上には下を育てる義務がある〉ということの一方で、下にも〈育つ義務〉があるんじゃないでしょうか」

私は言った。自ら成長を志向していく力を身につけてこそ持続的な成長が可能になるし、そういう人材が増えれば組織も活性化する。人材育成の分野に取り組んできたなかで私はそう確信している。

「つまり、〈自らの成長に責任を持つ〉ということです」

「そのとおり。忘れてはならないと思います」とデンソーのメンバー。

「ほとんどの社員は、誰かの部下であるとともに誰かの先輩ですよね。下を育てる義務と共に、自分が育つ義務もある。後進を育てれば自分の仕事は減るかもしれませんが、それで空いた時間をもっと高度な仕事に使うことになるでしょう。〈自分がより高いレベルに成長するためにも、後進を育てることが大切だ〉と考えるといいのではないでしょうか」

「なるほど。海外を考えた場合、後進の育成だけを強調するのではなく、スピリットの持つもう一つの側面、つまり自ら成長することも明記したほうがわかりやすいということですね」

山口次長が、デンソー・スピリットのキーワードを記したホワイトボードに向かい、「人材育成」の横に「自ら成長したい、そして後進に伝承したい」と書く。

「いいかもしれませんね」と佐藤部長が頷いた。

時間が経つのを誰もが忘れてしまうような雰囲気のなかで、六人が交わす言葉一つ一つに、生き生きとした意味が生まれてきた。

そして「デンソー・スピリット」は完成した。

佐藤人事部長は語った。

「現在、そして将来のデンソーにとって価値あるものになったと思います。このメッセージがこれから、世界中に広がっていく。そしてヨーロッパやアメリカ、アジア、オーストラリア、中東……、一生出会うこともないかもしれない人々の働き方に影響を与えていくのだと思うと、何と言うか……、感慨無量です」

良い仕事ができた、と言えるのではないか。私たちはそう実感していた。

しかし、明文化できたからといって、それで本当に浸透するだろうか？

——それが次の問いだった。

2 共に感じる力

❖共感を得られる人、得られない人

大手輸送機器メーカー、A社での出来事です。

かつて不祥事により激しい社会的批判を浴び、業績も悪化したその会社は、外資の資本参加を受けて体制を刷新し、経営の建て直しを図っていました。役員の半分は欧米人になり、取締役会の雰囲気もがらりと変わりました。負の局面からの脱出には一定の目処がつき、いよいよこれから新しい経営ビジョンと戦略のもと、攻めの経営へとギアシフトをしよう、という段階にまで辿り着いていました。

「わが社の事業拠点は全国各地に広がっている。本社で経営陣が交代し、新たなビジョンだ改革だと掛け声をあげても、現場の意識はまだまだ薄い」

「新たな経営ビジョンを、きちんと社員に浸透させよう。新戦略への参加意識や当事者意識を植え付けなければ」

そのような問題意識のもと、経営陣は、自らが各地の社員のもとに出向いてビジョンについて語りかけるキャラバンを実施することを決めたのです。役員一人ひとりが一回あたり約五十人の社員を集めて経営ビジョンを語り、質問に答え、意見に耳を傾けよう。十人の役員がそれぞれ四回ずつ、のべ二千人の社員と向き合おう、という計画でした。不祥事とその対応に追われてきた中で、社員の心は傷んでいる。役員が彼らと直接触れ合うことが重要であり、コストをかけてでも全国を行脚するだけの価値はある、と判断したのでした。

最初の数回のセッションを終えた段階で、参加した社員のアンケート調査の分析が行われました。結果を見て、十人の役員たちは、驚きました。

社員の共感を得られた役員と、そうでない役員が、くっきり分かれたのです。

「新しいビジョン実現のために自分がすべきことがわかりましたか？」

「自分も行動しようと思いますか？」

この二つの質問にイエスと答えた参加者の割合には、二倍もの差がありました。

同社で三十年あまりのキャリアを歩んできた一人の役員は、自分が社員の気持ちを動かせなかったという事実に、言葉を失いました。

❖大統領のようなスピーチ

巨大メーカー、B社の「バリュー研修」の様子も見てみましょう。

B社では、自分たちが大切にすべき価値観を「B社バリュー」としてまとめ、それを各拠点に浸透させていく取り組みを行っています。

会場には、地域の各拠点のミドルマネジャーたちが集まっています。本社の役員が、参加者に熱く語りかけました。バリューを地域のすべての工場や営業所に浸透させていくには、ミドルたちがまずその重要性を理解し、部下に語り伝えてもらう必要があるのだ、と。

「……このように、バリューはとても大切だ。皆さんはそれを各自の持ち場にいる社員全員に伝える、伝道師の役割を担っていただきたい。これまでよく部下を指揮して実績をあげてきた皆さんの力に期待している。これは、きわめて大切で、名誉ある仕事だ。皆さんならできる」

まるで大統領のような、立派なスピーチでした。練り上げられた言葉。声や身振り手振りに、気持ちが乗っています。

しかし、参加者の反応は当の役員の意図とはかけ離れていました。バリューを熱く語って参加者に高揚感を持たせるはずだったのですが、彼らの気持ちはむしろどんどん沈んでいくようでした。

何が起こったのか。役員を、不安が襲いました。

❖ 共感の手がかり

A社で共感を得られなかった役員、B社の大統領。「だめなリーダー」だったのでしょうか。けっしてそうではありませんでした。彼らを含めて、私たちが共に仕事をしてきたリーダーの方々はどなたも、ビジョンや理念、価値観の浸透という課題に真摯に向き合い、準備をし、努力をしていました。

しかし、共感を得ることには、失敗していたのです。そして、その事実に驚き、悩んでいました。

では、たとえばA社の役員たちが皆、同じパワーポイント✭の資料を使って、同じ経営ビジョンを語ったのに、これほどまでに結果が違ったのは、なぜだったのでしょうか。少し種明かしをしましょう。

私たちは、このビジョン・キャラバンのお手伝いをしました。各回二時間の司会進行、対話の雰囲気づくり、そして、参加者アンケートの分析やそこからのアドバイスなどを担いました。間近でこのキャラバンを見る機会に恵まれたのです。

✭ Microsoft® PowerPoint® preentation graphics program

興味深かったのは、いわゆるプレゼンテーションの上手な役員が、必ずしも参加者からの高い評価を得られていなかったことでした。経営企画部が作成したパワーポイントの資料を、丁寧に、流麗に、そして理路整然と説明した役員の方々は、低評価に大きなショックを受けていました。プレゼンテーション・スキルに自信をもっていたから、尚更でした。

一方、参加者の共感を得られた役員の方々の語り方は、必ずしもスマートではありませんでした。メリハリのある語り口の方も、朴訥としたしゃべりの方もいました。しかし、共通していたことがあります。

あるベテランの役員は、こう語りかけました。

「私は、この会社に育てられたのです。この会社を少しでも良くする、お客様や社会からの信頼を取り戻す、そのためにできる限りのことをする。これが私の、最後のご奉公だと思っています。ビジョンはそのための、私と皆さんの、旗印です。一緒にやってくれませんか」

若手の役員は、ちょっと苦笑いしながら。

「役員会も半分外国人になっちゃいましてね。結構大変なこともあるんですよ。私は英語も下手ですからね。でも、これは譲れない、これは向こうが間違っているって時は、戦っていますよ。皆さんはどうでしょう。それぞれの持ち場で、正しいなと思ったら、やる。そうじゃないなと思ったら、戦う。ね。ビジョンを実現するって、そういう積み重ねだと思うんだ」

彼らは、経営ビジョンに対する自分自身の思いを率直にあらわしていました。それが、参加者にとっての、共感の手がかりとなったのです。

経営ビジョンを説明することに留まるのではなく、あなた自身がビジョンをどう捉え、ビジョン実現にどう取り組んでいるのかを、語っていただきたい――私たちのアドバイスを真摯に受け止め、語り方を変えた役員のそれからのアンケートの結果は、顕著に良くなっていきました。

❖共感は共感から始まる

B社の「大統領」を振り返ってみましょう。

あのスピーチのとき、私たちは、バリュー研修のファシリテータとして、その場にいました。参加者の皆さんがバリューについて語り合うための題材を提供したり、問いかけを行ったり、議論を整理したり、といった役割を果たすためです。

「大統領」が熱のこもったスピーチを終えたとき、会場の参加者の雰囲気は、どんよりと沈んでいました。研修の設計上は、このスピーチのあと、各参加者があらためて「バリュー伝道師」としての決意を表明し、具体的な行動を決める、という流れになっていました。しかし、決意を表明できるようなエネルギーが、そのとき、その場からは消えていました。

ファシリテータは、やむなく、参加者に問いかけたのです。

「素晴らしい励ましの言葉をもらったのに、逆に皆さんのエネルギーは沈んでしまったようですね。いま、どんな気持ちなのですか」

参加者の一人が、ためらいがちに口を開きました。

「おっしゃることは、わかる。経営陣として言うべきことを言われたのだろうと思いますし、メッセージは明確。でも、こんな精神を持て、と指示されても、はい、そうします、とは……。いまひとつ納得できませんでした。それに、ただでさえ、私たちに仕事が集中しているのです。また新たな重責を担え、って言われても。私たちの大変さをわかって下さらないのでしょうか」

振り返ってみても、その「大統領のスピーチ」は立派なものでした。大統領は、自らが練り上げた言葉に感じ入っていました。

しかし、聞き手の表情は見ていませんでした。聞き手の感情は、感じていなかったのです。

聞き手に対する共感の姿勢がない話し手に、聞き手は共感することができない。

教訓は実にシンプルです。

もし、大統領が、自らの原稿を見る時間の半分でも、聞き手の表情を見ることに使っていたとしたら。そして、その表情を手がかりに、自分の語り方や内容を見直すことができていたとしたら。

結果はまるで違っていたはずです。

このときには、私たちのファシリテータが即座に大統領と参加者の間に入り、互いの率直な気持ちと情報のやりとりの時間を設けました。結果、ミドルマネジャーの実際の負担を踏まえた、より現実的な伝道師の役割が規定され、彼らは新たな決意と共に各拠点に散らばっていきました。

しかし、このような「大統領のスピーチ」は、B社だけではなく、現実に多くの会社で起こっているのです。

❖「ライブ」だからできること

何事にも、入念な準備が大切なのは言うまでもありません。しかし、ある種の準備が、かえって「その時、その場の」様子を感じる機会や能力を奪ってしまうことがあります。この「準備の罠」に、気をつける必要があると思います。

ビジネスの世界では、この数年、パワーポイントによるプレゼンテーションが急速に普及しました。これは、論理や事実を的確に伝える力を高めてくれた一方で、価値観や思いを伝える場面においては弊害をもたらしている、と私たちは考えています。

用意した資料に沿って、「三十分で三十ページ！」と、所定の時間内にきっちりと説明を終えることにとらわれてしまっている様子を、しばしば目にします。その場の雰囲気を把握し、それに応じて語り方を柔軟に変えていくのではなく。

結果、聞き手という相手がいる場であるにもかかわらず、一方的に「伝える場」、あるいは「言い渡す場」になってしまうのです。

ライブ・コンサートかと思って出掛けたら、コンサート・ビデオ上映会だった。聞き手からすれば、そんな感じでしょうか。

❖つながりが生み出す力、つながりを生み出す力

まえがきでも触れましたが、この本は、企業の理念を社内に浸透させる、という営みをテーマにしています。理念浸透という目的に対して、どのような考え方、姿勢や手段がふさわしいのか、について触れていきます。

しかしここで、考える必要があります。

理念浸透という目的が達成された状態というのは、どういう状態なのか。

それは、その組織のすべての人々が、その理念と自分自身との「つながり」を見出し、行動を通じて表現している状態なのです。

壁に掲げられているだけの理念には、何の価値もありません。

理念が、経営者である誰か自身につながり、行動として表現される。

理念が、社員である別の誰か自身につながり、行動として表現される。

同じ理念を分かち合うことを通じて、会社に関わる多くの人々がつながっていく。

そうなってはじめて、理念は価値をもちます。

A社のビジョン・キャラバンにおいて、よい話し手は、あえて資料から逸脱してでも、ビジョンと自らのつながりを語り、聞き手にビジョンと彼らのつながりを問いかけました。こうして、ビジョンが共有されている状態をつくったのです。

B社の大統領がすべきだったことは、「バリューの伝道師として行動する決意」をその場に作っていくことでした。彼が、聞き手の様子を見ていなかった、つまり聞き手とのつながりを拒否していたことは、致命的なミスだったのです。

理念と自分とのつながりを語る。
理念と、相手とのつながりを問う。
自分と相手とのつながりを見極め、つながりをつくる。

「つながりが生み出す力」を信じ、そのために「つながりを生み出す力」をつける。理念浸透の前提ともいえるこの力のさまざまなかたちについて、さらに考えていきます。

デンソー・プロジェクト・ストーリー②

3 理念浸透の手法を求めて

東京・銀座にある株式会社リクルート本社、六階奥にあるＨＣソリューショングループのミーティングルーム。

私の前にはデンソーの佐藤人事部長がいた。

デンソー・スピリットの浸透活動に際し、ちょっと相談したいことがある、と訪ねて来られたのだ。

デンソー・スピリットの意味を、それを体現したエピソードなども含めて丁寧に説明したパンフレットを、私たちは制作していた。

「しかし、具体的にどうやってグローバルに浸透させるのか、まだ見えません」

私も同じ認識をしていた。明文化したのはいいが、どうやってグローバルに浸透させるのか。冊子を配るだけで十分とは思えない。

佐藤部長は言った。

「単に冊子を配って終わりにはしたくはありません。きっちり浸透しきるところまでやりたい。社長も『十年かけてやり切れ』と言っています。そのための、浸透の基本的な考え方というものを一緒に作っていただきたい」

「スピリット浸透の、いわば骨太の方針ですね」

「そうです。そういうものがないと、世界十万人に伝えることはできないと思います。歴史的・経験的に実証されているやり方で、浸透させていきたい」

やりましょう、と私は言った。

ただ、「歴史的・経験的に実証されているやり方」という言葉の重みがずっしりと胸に響いた。

考えてみれば、そうだ。世界三十カ国、十万人というスケールである。そのすべてに理念を浸透させるには、しっかりした裏づけのある方法論が必要だろう。

ともかく、理念浸透の方法をあらためて研究することだ。

「HC内でチームを編成して、事例研究から取り組んでみましょうか」

ぜひお願いします、と佐藤部長は言った。

佐藤部長を見送った後、私はリクルートHCのコンサルタント・吉川克彦に声をかけ、プロジェクトへの参画を打診した。

吉川は最初、戸惑ったようだった。

「歴史的、経験的に実証された、理念浸透のやり方を考えるプロジェクトだよ。どう、一緒にやらない？」と言ったのだから、無理はないかもしれない。

「これはまた大きな話ですね……」と彼はつぶやいた。

しかし、吉川の心がその話に飛びついてきたのが、私にはわかった。

「実証されたやり方」。理念浸透という、まだ絶対的な方法論の存在しない新たな分野でのその取り組みは、私たちにとって非常にチャレンジングな、魅力的な仕事だ。

参加します、と吉川は答えた。

こうして私たちの思索の旅が始まった。

❖先達に学ぶ

「〈歴史的・経験的に実証されたやり方〉を追求するなら、まずは過去の成功事例を調査することが有効だと考えています」

デンソーの理念浸透プロジェクトのチームに参画した吉川が、初めて出席したミーティングでそう切り出した。

「そうですね、まずはそれだと思います」とデンソーの中島氏が答える。「具体的に、どこを取材するべきでしょうか」

吉川は鞄から資料を取り出した。日米欧の十数社の名前のリストである。「独自の理念を持ち、それを体現した強固な組織文化を持つことで知られている」、「グローバルにビジネスを展開し、好業績を上げ続けている」の二つのポイントで事前に選定していたのだ。

「いいですね」と中島氏も乗り気だ。「グローバルに理念浸透を図っていくわけですから、外資系の企業の話も知りたいと思っていました」。

ディスカッションを経て、理念浸透に成功していると思われる日本と欧米のグローバル企業を数社、対象として絞り込む。情報収集や取材先へのインタビューなど、これから忙しくなるぞ、という思いでわくわくしている私たちに、デンソーの山口次長が言った。

「企業へのインタビューですが、私たちも同行させていただけますか。リクルートさんにお任せ、ではなくて、自分の眼で見てみたいんです」

「なるほど、そうしましょう」私たちは答えた。

コンサルティングというサービスでは「コンサルタントが調査し、クライアントに報告する」という形が一般的だが、実際に理念浸透活動を担っていくのは、彼らデンソーの人たちだ。彼ら自身が直接、優良事例に触れられたほうがいい。

それに、彼らの申し出は、デンソー・スピリットに謳われている「現地現物」の精神の現れのように思えた。

「インタビューの現地現物ですね」

デンソーの三人は頷いて楽しそうに笑った。

こうして、デンソーとリクルートＨＣの両者が一緒に、デンソー・スピリットの言葉で言えば「総智・総力」を実践する形で、事例調査が始まった。

❖理念浸透の「仕組み」とは

従来、リクルートＨＣでは、理念浸透を進めるための施策として、研修のほか、冊子やポスターなどのクリエイティブ・ツールを使った社内プロモーションをクライアントに提案・提供し、手応えをつかんでいた。

たとえば、カスケード式の研修（まず上司が研修を受講し、同じ研修を今度は上司が部下に施していく形や、部下の研修に上司が参加して先達としての高みを示していく形がある）や社内プロモーションが一定の効果を持つことは既にわかっていたのだ。

今回の企業調査では、そうした施策がその企業内でどのように行われているかに加えて、何らかのプラスアルファの要素を探ることを課題とした。

初期調査として、公開情報を集めたり関連する論文を読んだりする中で、私たちは一つの仮説を持った。理念を支える何らかの「仕組み」の存在だ。

企業理念や価値観を明文化し、社内外に積極的にPRする活動は、多くの企業で実践されているようだ。しかし、ただメッセージを発信するだけで、グローバルに、かつ効果的に一つの考え方を浸透させることができるとは思えない。成功している企業は、人事評価制度や研修体系など、何らかの組織的・制度的な仕組みを持っているのではないだろうか。

抽象的な理念をどのようにして具体的な仕組みに変え、その運用を徹底しているのだろうか。注目するべきポイントはそこだ。

「ええ。理念についての理解を深めるワークショップは行っていますし、日々リマインドするためのポスターやメモパッドなどのツールを本社が用意し、各地域に配布しています。それに加えて、当社には人事制度上の仕組みがあります。徹底した仕組み化が、私たちの組織における理念浸透のポイントですね」

まず吉川とデンソーの中島氏・山口次長は、ある米国系の企業を訪問した。そこで最初に耳にしたこの言葉は、当初仮説を裏付けるものだった。

その会社では、人事制度に理念が組み込まれており、従業員の評価が「業績」と「理念の実践」の二つの観点で行われている。また、マネジャー以上の層に対しては、理念の実践についての三六〇度調査を毎年行っているという。つまり、課長であれば、部長、他の課長、そして部下から評価を受けるということである。

「業績と理念の実践の両方が高評価の人材は、文句なしにハイパフォーマーとみなされます。その逆もわかりやすいですね。私たちの組織において重要なのは、どちらかは高いが、もう一方が低い人材をどう扱うかです」

同社人事部のマネジャーは言った。

同社では、業績の上がらない人材は、ボーナスを低くされることはあるが、理念を体現した行動を取っていれば継続的にチャンスを与えられる。しかし、理念を実践していない人材は、いくら業績が良くても問題社員として見なされ、実践の度合いに改善が見られない場合、解雇されることもあるそうだ。

「私たちは、理念を実践していない人の存在は、この組織にとっても本人にとっても望ましくないと考えているのです。そういう人は、いくら業績が良くても昇進することはありません。これは、世界中の拠点で共通の仕組みとして運用されています」

インタビューを終えた帰路、タクシーのなかで山口次長が言った。

「すごい徹底ぶりでしたね。驚きました」

腕組みをして考え込んでいた吉川が口を開いた。

「あの仕組みは、長期的に見ると、『理念を実践していれば業績は上がるし、理念に反していれば業績は悪化する』という信念あればこそのものでしょうね。……デンソーさんのスピリットも、これを実践していればお客様からの信頼は高まり、業績も上がる、という考えに基づいているものでしょう？」

「そうですね。長期的に考えると、そういうことでしょうが……」

「仕組み化」は、調査対象となったいくつかの米国系企業に共通して見られる傾向だった。

典型的には、以下のような取り組みである。人事制度に理念を組み込むことに加え、定期的な「理念サーベイ」をグローバルに行う。企業の理念を、具体的な

「好ましい行動」や「あるべき職場の状態」に分解して定義し、世界中の従業員が、自分や自分の組織がどれだけそれを実践できているかを回答するのだ。

その結果をもとに、本社、各地域、各事業部門、各職場といったそれぞれの層で、「理念実践について、どんな課題があるのか」、「いま何に取り組むべきか」といった議論を行うのだ。この議論を通じて、常に理念の実践が意識づけられ、具体的なアクションが促されるのだという。

体系だった方法論と、その徹底ぶりは驚くべきものがある。生産工程などの具体的な業務プロセスにおいてこうした堅固な仕組みをつくる例は多々あるだろうが、理念という目に見えないものの実践を徹底するために、ここまでやるとは。

理念の実践の度合いが業績に直結する、という強い認識があってのことだろう。

❖仕組みだけでは、不十分

吉川から聞かされたインタビューの内容は、このように興味深いものだったが、当の吉川は何か腑に落ちないような顔をしていた。

「確かに彼らの仕組みはすごいと思いましたが、昨日の夜、デンソー・スピリットを読み返していたときに、なんだか違和感を覚えたんです。デンソー・スピリットって、デンソーの人たちが昔から大切にしてきた『こういうふうにしたい』とか『こうなりたい』という思いのことでしょう。それをしていない人は解雇するという、人材の淘汰を前提とした仕組みが、デンソーさんに合うでしょうか」

デンソーの佐藤部長も、慎重な見方を示した。

「そうですね。ああいう仕組みを使うのは、うちでは難しいかも知れない……。特に理念の実践状況が雇用に直結するような制度には抵抗があります。デンソーの、長期的な視点に立って人材を育てるとか、品質第一で商品を大切に作り込む、という考え方とは、ちょっと合わないと思います。運用を間違うと、やらされ感を生んでしまう」

吉川は言った。

「仕組みも重要だと思うけど、それをどういう気持ちで運用しているかが大事でしょうね」

そうかもしれない。

外資系企業がグローバルに運用している仕組みを、そのまま日本の企業に導入して、うまくいかなかった例を私たちは知っていた。

九〇年代の中頃から盛んに取り入れられてきた成果主義的な人事制度は、合う企業もあれば合わない企業もあり、昨今では批判的な論調も多い。

一概に「日本型」と「米国型」を対置する見方には慎重でありたいと思う一方で、文化的アイデンティティにまで言及して語られる両者の違いを無視できないのも事実だ。何らかの「日本型」の要素を探る必要がある。

別種の答えを求めて、私たちは関西に向かった。

❖日本型の人材育成にヒントがある

「ある考え方を伝えるためには、古い言い方ですが『同じ釜の飯を食べる』ことが大切です。つまり、一緒に苦労するということです。その中で、先輩がどんな風に考えて、どんな信念を持って仕事をしているかを聞いたり、感じたりする。そういうことが大事なのです」

松下電器産業の瀬口マネジャーは、そう語った。

「上司の大事な役割は、悩んでいる部下に対して、『理念のあの項目を思い出してみろ』と投げかけてみたり、過去の逸話を話したりすることです。そうして、あとは自分で考えさせる。最初は分からない顔をしているのですが、しばらくすると『なるほど、わかりました』とすっきりした顔で報告に来るのです。自分で考えて、自分なりの答えをつかみ取ることが大事なのです」

自分で考え、つかみ取る。

仕組み化のアプローチについて懸念した「やらされている感じ」とは正反対だ。

これはまさに日本的なＯＪＴではないか。日々の業務のなかでの上司と部下、先輩と後輩の濃密な関わり合いを通じて、理念を伝承していく。ＯＪＴの場が、同時に理念浸透の場になっているのだ。

「確かに、仕組みは有効です。でもね、千の仕組みよりも一つのパフォーマンスが大事なんですよ。つまり、経営者が自ら実践することです」

瀬口マネジャーは、創業者の松下幸之助や歴代の経営者について語った。

「幸之助さんは引退式典の際に、何千人もの従業員に対して深々と頭を下げて、『これまでありがとうございました』と述べられたんです。その姿を見て、私は、『ああ、これこそ、理念に言う感謝の心、恩を忘れない心だ』と感じましてね、彼を改めて尊敬すると共に、見習いたいと感じたんですよね……」

「きっと、この人は部下にも同じ話を語っているんだろう」と私たちは感じた。そして「この会社には、こんな管理職が沢山いるのだろう」とも。

経営者が自ら実践して模範を示す。それを見た人々が、その姿を心に刻み、自分の行動を改める。その出来事を後輩や部下に語り継いでいく。このようにして経営者の行動や振る舞いが、理念を伝える象徴的な物語として機能しているのだ。

礼を言って本社ビルを出ると、そのすぐ傍に、同社の歴史を展示するミュージアムがある。

創業者の幼少期から現在に至るまでの松下電器の歴史。第二次世界大戦や、何度かの不況、労働争議など、さまざまな出来事のなかで創業者が悩み、試行錯誤し、独自の理念を築き上げていった「物語」が、そこでも語られていた。

職場でのOJT、トップの実践、物語の伝承。

仕組みだけではない理念浸透の形が、少しずつ見えてきた。

❖スピリット浸透モデル

プロジェクトチームの事例調査は続いた。各社から得られた学びを整理し、何が重要なポイントなのか、それをデンソーにおいてどう活かすのか、議論を重ねる。

「やはり職場での日々の実践活動ですよね。改めて考えてみると、もともとスピリットは日常業務のなかで伝えられてきたのではないか。つまり、職場での実践は、目的でもあり手段でもあると言えるのではないでしょうか。だから、これを浸透の取り組みの中心に据えたいと思います」

デンソーの中島氏は、そう語った。

事例調査の合間にデンソーの生産現場を見学、その雰囲気を肌で感じてきていた吉川が強く頷いた。

「私もそう思います。仕組み、トップの実践、物語の伝承、という活動はすべて、突き詰めれば職場での日々の実践を促す手段として位置づけられそうですね。実際、米国系の会社でも、仕組みはすごく充実していましたが、それはあくまでも上司と部下の対話、職場での一人ひとりの実践を促進する役割でしたし」

「そう、現場での実践を促すものでしょうね。ただ、トップの役割だけはちょっと違う位置づけではないでしょうか。人事の仕組みやワークショップとは並列ではなく、これがすべてのベース、だと思います」

私は松下電器での話を例に出しながらそう言った。経営者の強いコミットメントが、同社の理念浸透のすべての根底にあるように思える。

侃侃諤諤の議論を経て、私たちは「スピリット浸透モデル」をまとめた。理念浸透の活動がどのような要素で構成されるのか、個々の要素の関係はどうなっているのかを示したもので、「五つのハコ」の図で表せる。

すべての基礎として「トップの意志と言動」がある。その上に、研修やポスターなどを使った「プロモーション」、「物語の伝承」、人事制度などの「仕組みの設計と運用」があり、そして、これらによって「職場での実践」を促す。

そのモデルを私たちは、かなり普遍性の高いものだと考えていた。デンソーの組織文化にもフィットしており、山口次長と中島氏も、プロジェクトの大きな進展を心から喜んでいるようだった。

「5つのハコ」のモデル

トップの意志と行動
- 実践し、語り続ける

プロモーション
- 研修、冊子、ポスター、社内広報　等

職場での実践
- 目的でもあり手段でもある

物語の伝承
- 掘り起こし、語り継ぐ

仕組みの設計と運用
- サーベイ、人事評価制度　等

――だが、その一方で、まだ物足りない気もしていた。

「歴史的・経験的に実証されたやり方」。これに答え切れているだろうか。その時点でははっきりと見えてはいなかったが、まだ、考えられていない何か、がある。問いかけていない問いがある。そんな気がしていた。

4 物語を語る知恵

❖物語が伝える理念

小学校の校庭に、二宮尊徳の像がありませんでしたか。薪を背負って歩きながら、本を読む、少年二宮金次郎の像です。

道徳の時間。先生が、二宮尊徳の話をしてくれます。貧しい少年時代、働きながらも本を読み続け、長じて多くの人々のために貢献した彼の物語は、「勤勉」や「向学」の大切さを子供たちに感じさせるものでした。

毎年のようにドラマ化される「忠臣蔵」の物語や、東京・渋谷の待ち合わせの名所となっている「ハチ公」の物語は、「忠誠」という理念を示しています。

私たちの社会では、理念を伝える上で物語が大きな役割を果たしています。

理念は、物語のかたちで「語り継がれて」いるのです。洋の東西を問わず、人間は理念のような目に見えないものを受け継いでいくために、「物語」を使ってきました。

十字架に架かって死んでいったイエス・キリストの苦難に満ちた生涯の物語も、「自己犠牲を伴う他者への貢献を通じて幸福を希求する、という教えを伝えていくための媒体」と捉えることができます。聖書は、世界で最も広く読まれている物語だと言われています。

❖物語は内省を促す

物語には、単なる言葉やスローガン、あるいはデータの羅列にはない力があります。物語には、人を惹きつける魅力があります。理解を助けるリアリティがあります。記憶を容易にする流れがあります。複雑なメッセージを、消化しやすいかたちで運ぶことができるのです。

そして、内省（リフレクション）を誘発することができます。

優れた文学作品を読むとき、あるいは優れた映画を見るとき、私たちは、その作品という「コンテンツ」を自分の脳に「ダウンロード」しているわけではありません。登場人物に自分や身近な人々を投影させながら、気付きやひらめき、振り返りといった脳の作用を楽しんでいるのです。コンテンツと自分自身の「つながり」を見出しているのです。

こうした「内省」こそ、ものの見方や考え方——マインドセット——を変えていく上でのカギなのです。

経営学の世界的権威であるヘンリー・ミンツバーグ氏はこう語ります。

「マインドセットが転換される過程は、通常、複雑で漸進的だ。人のマインドが議論の結果として転換することは、滅多にない。マインドは往々にして、活動と内省のサイクルを通じて転換する。活動は、それについての深い内省が行われて初めて、経験となる」★

前章で、理念浸透が達成された状態を、以下のように定義しました。

その組織のすべての人々が、その理念と自分自身との「つながり」を見出し、行動を通じて表現している状態。

マインドセットの転換とは、その状態の、前提の一つと言えるでしょう。

理念浸透に積極的な組織が、物語を大事にするのには、理由があるのです。

★ 2004年5月ワシントンD.C.で開催されたASTD2004での講演中の発言

❖物語が理念を伝える

松下電器が、職場でのさまざまな場面で、半ば無意識的に創業者の物語を語り継いでいることは、前章で触れました。

物語を見つけ、広めることに、真摯に取り組んでいるグローバルカンパニーは他にもあります。

例えば、ザ・リッツ・カールトン・ホテル・カンパニーの取り組みはより意識的なものです。一九八三年にボストンとアトランタの二つのホテルの運営から始まったこの会社は、現在では二十一カ国に六十三のホテルを展開するまでに成長しました。そのサービスは世界各国で最上級の評価を得ています。同社には、「語り継がれる」——というよりむしろ、「語り継いでいる」——物語が、数多くあります。

同社は、「理念や使命、サービス哲学を凝縮した不変の価値観」である「クレド」を掲げています。そして、それを、頭で理解させて守らせるルールではなく、心で納得して実践するものだ、と位置づけています。そのクレドを実践した事例を、物語として語り継いでいます。

同社の日本支社長である高野登氏は、著書『リッツ・カールトンが大切にするサービスを超える瞬間』[★]のなかで、それらの物語を数多く紹介した上で、「リッツ・カールトンのスタッフなら誰でも知っている話ばかり」だとしています。そう言い切れるのも、意識的・組織的な取り組みがあるからです。

全世界のリッツ・カールトンに集まる、客からの感謝の言葉や手紙。客の感動を生んだサービスとは、どのようなものであったのか。誰が、どんな状況で、どう考え、客に対して何をしたのか。それらのエピソードを、「ストーリー・オブ・エクセレンス（別名ワオ・ストーリー）」と呼んで、週に二回、朝礼のなかで

★かんき出版、2005年

全従業員に紹介しているのです。

現場での物語を、意志を持って掘り起こし、語り継いでいく。調査のなかで私たちは、特に米国に本拠を置く会社にこの傾向が強い、と感じました。国内においてすら人種や文化の異なる人々とチームを組むことが前提となっている米国という国の成り立ちによるものが大きいとは思いますが、私たちが学ぶべき部分があると思います。

❖物語をどう語るか

もし、幸運にも、あなたの組織で語り継がれている物語があったなら。あなたも、それを、語り継いでください。

創業者の逸話。伝説的なエンジニアや営業担当者の武勇伝。お客様に対して、ほんの一歩踏み込んだサービスをしたことで、大きな信頼を勝ち得たサービス担当者の話もあるでしょう。

こういった物語は、単に「顧客満足向上」などと唱えるよりも、はるかに強い影響力をもちます。

この物語を聞く、あなたの部下や同僚に、内省を促します。

そして、それを語るあなた自身にも、内省を促すのです。

もし、まだ、語り継がれている物語がなかったなら。

これまでの仕事のなかで、印象に残っているのは、どんな仕事でしょうか。

あなたは、誰と、何をして、何を乗り越えたのでしょうか。

どんな仕事で、自分が成長した、学んだと感じたのでしょうか。

こうした問いに答えることで、あなたと、あなたの組織の理念との「つながり」を表すようなエピソードが見えてくると思います。

困難にぶつかったときに救ってくれた上司の一言。
顧客からの期待を含んだ叱咤激励。
そのときの、あなたの気持ち。

このような、自分だからこそ語れる物語には、強い力が眠っています。

❖物語の見つけ方

とはいえ、自分の物語を語るということに、苦手意識を持つ人も多いのが現実です。「自分にはそれほどの経験がない」、「気恥ずかしい」、「口下手だ」、などの言葉をしばしば耳にします。

ハリウッドで活躍する多くの脚本家たちの師であるロバート・マッキー氏は、物語をこう定義しています。★

「物語とは、いかに、そしてなぜ、人生が変わるかを表現するもの」

そして、古今東西の優れた物語は、四つの要素からなる「型」を持っている、と述べています。

①はじめに「バランスの取れている状況」があります。ここでは主人公は平和な日常生活を送っており、それがこれからも続くと思っています。

②次に、「事件発生」です。それまでのバランスを崩す出来事が起こります。

★ Robert Mckee, Storytelling That Moves People: A Conversation with Screenwriter Coach, *Harvard Business Review*, June 2003（以下同）

会社で言えば、上司が変わった、意に反する異動を命じられた、顧客とのトラブルが発生した、などかも知れません。

③そこで主人公は、「バランス回復への努力」をします。問題解決のための試行錯誤と言ってもいいでしょう。もっとも、現実は一筋縄ではいきません。主人公の主観的な期待は、現実の壁に直面し、つぶされそうになります。人材や資金の不足、信念と利益の二律背反、個人的な利害の対立などが主人公を苦しめます。

④しかし、その努力を通じて、主人公はやがて「真実の発見」に至ります。努力によって、それまで見えていなかった大切な何かに気づき、自らの成長を知るのです。

この四つの要素に沿って、あなたの「印象に残った仕事」を、誰かに語ってみてください。過去の体験を思い出す上では、②「事件発生」から考えると、うまくいきやすいかもしれません。そして、その誰かには、次のお願いをしてみてください。

「私の話を、目をそらさず、じっくり聞いて欲しい。そして、質問をして欲しい。何が起こったのか。そして、そのとき私がどう感じたのか、と」

私たちＨＣでは、理念浸透のお手伝いをする際に、この「物語の相互発見」という手法をよく使います。その様子は、このあと第九章でも描いていきます。

多くの経営者や現場のリーダーが自分の物語を発見したときに見せる、子どものような笑顔が、いつも印象に残ります。発見した物語の中に、自分自身の大切な何かを見つけているのです。そして、その大切な何かと、組織の理念とのつながりを見出しているのです。

そして、人の物語を真剣に聞いた別の人が、こう語り始める様子を、何度も目にしています。

「そういえば、私にも、こんな物語があった」

物語は、物語を誘発し、人と理念、人と人とをつなげていきます。

5

情景を生み出す言葉

I have a dream that one day out in the red hills of Georgia the sons of former slaves and the sons of former slave owners will be able to sit down together at the table of brotherhood.

（私には夢がある。いつの日か、ジョージアの赤土の丘の上で、かつて奴隷であった者たちの子孫と、かつて主人であった者たちの子孫が、兄弟として同じテーブルにつく時が来るという夢が。）

——Martin Luther King, Jr.

❖私には夢がある

「I have a dream」のフレーズを繰り返すことで知られる、キング牧師の演説★の一部です。一九六三年八月に行われたこの演説は、ワシントンDCでこれを直接聞いた二十五万人にとどまらず、多くの人々の心を打ちました。そして、

★ The United States Department of State から。
http://usinfo.state.gov/usa/infousa/facts/democrac/38.htm

そういった人々の願いと行動が、翌年の公民権法の制定に繋がったとされています。

もっとも、この演説でキング牧師は、法律の制定そのものを訴えているわけでもなければ、実現したい社会を数字や論理で説明しているわけでもありません。それが、なぜ、大きな社会変革を生み出すほどの力を持ったのでしょうか。

キング牧師は、彼の心のなかにある景色を語っています。

それが、この演説が大きな力を持った理由だと思います。

心のなかにある景色（ビジョン）を語ったのです。そして、それを聴いた聴衆の心のなかにも、それと同様の情景が思い浮かんだに違いありません。

その情景は、人によって、細かな違いはあるかもしれません。たとえば、ジョージア州の赤土の丘を見たことがない人が心に描いた景色は、キング牧師のそれとは色彩がやや異なったかもしれません。しかし、それぞれが自分なりにイメージした「赤土の丘」や「奴隷であった者たちの子孫」の表情、「主人であった者たちの子孫」の姿を、心に描いたに違いないのです。

キング牧師は、公民権法自体を説明したわけではありません。

しかし、彼の言葉は、彼らがこれから目指す場所がどういうものなのかを明確にしました。そして、多くの人々がその場所に行きたいと願った。それが人々の具体的で主体的な行動につながっていったのです。

イメージを想起させる力。

理念浸透に際して重要となる、この力について、考えてみたいと思います。

❖イメージが登るべき山を示し、一人ひとりを解放する

スポーツの分野で、メンタルトレーナーと呼ばれる人たちが、選手に「イメージを抱かせる」指導を行うことがあることはよく知られています。

たとえば、試合に勝って歓喜している自分を想像する。そして、その瞬間に至るまでの試合の流れ、たとえばテニスなら、相手の強いサービスを打ち返す瞬間の自分の動きや、相手の表情、自分がエースを打ったときのラケットの感触などを、具体的にイメージしていくのです。

メンタルトレーナーがこういった手法を用いるのは、イメージの力を信じているからです。強くて明確なイメージは、人をその実現に向けて動かしていくからです。しかし企業経営においては、イメージの力が十分に活用されているとは言えないと思います。

音楽の世界を見てみましょう。世界的に活躍する指揮者の大野和士氏の考え方が、印象に残っています。彼の仕事の流儀を、ＮＨＫの「プロフェッショナル」という番組でのホームページから、以下に引用したいと思います。

「登るべき山を示す」

けいこの場で、大野はまずこれから取り組む作品の解釈を、具体的な言葉で奏者や歌手に伝えることを大切にする。オーケストラや歌い手たち全員が、同じイメージを持ち、目指すべき音楽的な高みを共有するためである。どんな音色が必要なのかはあえて言わない。大野は、百人が出す音を聞き分け、自分のイメージとずれていれば、ピンポイントでその演奏者に情景や意味を伝えていく。

「一人ひとりを解放する」

ステージの上で指揮をする際、大野はことさら大きな身振りをしない。指示されて出すのではなく、演奏者たちが自分の最も出しやすいやり方で出した時の方がいい音になると考えるからである。事前の練習では、自分の作品のイメージを伝え、細部に至るまで磨きをかけていくことに徹底的にこだわる。しかしその上で、大野は、本番では、一人一人の能力を解き放つことに重きを置く。ことさら大きな身振りはしない。「なきかのごとくある」、それが指揮の極意だと大野はいう。

ここでは、イメージを持つだけでなく、それを共有することの大切さが語られています。そして、その上で一人ひとりを解放するのだ、それぞれが自分のやり方で音を出すことを認めるのだと言っています。

「自律した個人が、一つの目的に向かってつながり、協力しあう組織」

★ http://www,nhk.or.jp/professional/backnumber/070125/index.html

いま、多くの経営者が理想とするこの組織の姿に導く道筋が、大野氏の流儀にあるように思います。

❖会社の目的は何か

東証一部上場を果たした会社の社長から、こんな相談を受けたことがあります。

「私の会社の目的をつくってくれませんか」
「目的、ですか？」
「ええ。目的です」

その会社ではそれまで、株式公開、東証二部上場、そして一部上場をめざして懸命に頑張ってきました。上場が目的と化していましたが、いざそれを実現した今となっては、目的が消えてしまったのだ、というのです。

「これから何を目的にして経営していくべきかをはっきりさせたい。それがないと、多くの社員を束ねていくこともできない。一緒に考えてもらえませんか」

話を伺って、真摯な方だな、と思いました。

あなたの会社の目的は何ですか。

「人材関連サービスの提供」や「自動車の製造・販売」などといった、定款上の文言のような意味での目的ではありません。皆が心から共感し、その実現のために努力したいと奮い立つような、目的のことです。

その社長は、上場という大きな仕事を成し遂げ、まわりからも成功者として見られていたに違いありませんが、あらためて目的は何かという問いを、切実に自らに向けていたのです。

この問いは、彼の人生そのものにも関わっているのです。

そして、彼の会社に働くすべての人々の人生に、関わっているのです。

❖情景を描く

この会社の「目的」づくりに向けて、同社の役員と中堅・若手社員から選ばれた四人のメンバーと私たちＨＣがとったアプローチは、少し変わっていました。

一枚の紙にまとめられるような、数行の力強い言葉を考えるのではなく、まず時間をかけて語り合ったのです。

まずは、メンバーそれぞれの印象に残っている仕事の物語を、語り合う機会をつくりました。前章でご紹介したようなアプローチです。やはり、物語が物語を誘発し、メンバーがこの会社で働く上で大切にしている、さまざまな理念が浮かび上がってきました。

その上で、「目的」を構成する要素を、4つに分けました。

今の、会社の姿。そこに甘んじていてはいけない、という自戒を込めて。
実現したい社会。自分たちが事業を通じて貢献する先にある、社会の姿。
規範と価値観。その社会の実現に向け、自分たちが日々どうありたいか。
真にありたい姿。常に求めつづける、自分たちの存在価値。

そして、それぞれの要素について、その情景を一緒に描いていったのです。
結果として、それはＡ４サイズの紙三枚に書き連ねられました。
たとえば、二番目の「実現したい社会」では、以下のような表現がされています。

「……またこの社会は、便利で機能的ではあるが、ＳＦ映画に描かれるような『機械が人間を支配する、温かみのない社会』とは別のものである。私たちの技術は社会の基盤となっているが、既に空気のような存在であり、人々に何らの過剰な恐れや戸惑いをもたらすものではない……技術によりさまざまな煩雑なものごとが省力化されている。そこで生まれるゆとりある時間を使って、人々は本来の人間らしい営みを取り戻している。そこにあるのは夢であり、ぬくもりであり、やすらぎであり、人間としての自信であり、そして、まだ見ぬ明日への希望に満ちた瞳の輝きである……」

かいつまんで言ってしまえば、「技術と人間性が両立する社会」といった言葉になるのかも知れません。しかし、そういったスローガンを繰り返すのと、このような情景を語るのとでは、受け手の心の中に見えるものは、大きく異なります。短いスローガンを作るにしても、その前に情景が描かれていなければならない。スローガンは、情景を思い起こすための「扉」の役割を果たすものであるのがふさわしい。わたしたちは、そう考えました。

この会社では、この情景を、折に触れて読み聞かせていくことを決めました。

❖ビジョンを「憧憬」と訳してみる

その理念のなかに、社員が、自分自身のどんな姿をイメージすることができるか。

目標やビジョン、企業理念、価値観などの「共有」を左右する重要な要因の一つが、ここにあるのではないかと思います。

たとえば、ビジョンを、「憧憬（しょうけい）」と訳してみてはどうでしょうか。

会社のビジョンを、「展望」や「構想」にとどまらず、「憧憬」としてイメージできるか、どうか。

「憧憬」は、憧れの情景、理想とする景色のことを意味しています。「こうあるべき（must）」よりも「こうありたい（want）」という気持ちを含意した言葉です。

企業の経営において、「こうあるべき」という気持ちが重要な役割を果たしてきたことは、否定できません。しかし、ビジョンが「こうありたい」という気持ちをも喚起することができれば、人々のエネルギーはより主体的・能動的・開放的に発揮される。私たちはそう考えています。

そのビジョンは、頭で「わかる」だけでなく、心で「感じる」ことができる。そして、「感じる」ことのできるビジョンが、人々をより強く行動へと動かしていくのです。

デンソー・プロジェクト・ストーリー③

6
「布教の時代は終わりました」

「事例調査によって理念浸透のモデルを作ることはできましたが、『歴史的・経験的に実証されたやり方』という意味では、まだ力不足だと感じているんです」

私は野田先生に言った。ミーティングルームの机には「五つのハコ」のモデルを図示した資料やインタビューをまとめたレポート、デンソー側との議論の議事録など、多くの書類が積み上がっている。

野田先生と吉川、そして私の三人は、このプロジェクトでまだ答え切れていない問いへのヒントを求めて考え巡らせていた。

「仕組みだけでは不十分だと感じて、目に見えない企業文化に目を向けて、このモデルを練り上げたんでしょう？　さらに磨きをかけるには、ビジネスとか企業という枠組みの外の知見も、参考にするべきかもしれませんね」

野田先生が言った。

「なるほど。企業以外の事例を探ってみますか」

吉川がさっそくアイディアを出す。

「価値観の伝承や、精神的な修練が必要なものがいいでしょうね。伝統工芸や能などには何かありそうですが。高津さん、他に何かないですか」

「宗教は？」

以前から宗教には漠然とした関心があった。理念浸透の最たるものだからだ。

「それは良いかもしれませんね」と野田先生が言う。

「まさに理念を伝えていく活動だし、実際、グローバルに浸透している。『歴史的・経験的』という意味でも、調べてみる価値はあるはずです」

吉川も興味を示した。

「何を調べますか。キリスト教、仏教、イスラム教、……」

「キリスト教かな。イスラム教は日本では馴染みが薄いため資料も乏しいだろうし、仏教の普及の歴史って聖徳太子の時代まで遡るから、伝播プロセスというものを明瞭にしづらい気がする」
「キリスト教と言えば、ザビエルですね」
歴史の教科書で見た宣教師の絵を思い出す。

デンソーの佐藤部長の賛同も得て、私たちはイエズス会によるカトリックの伝播プロセスの研究に着手した。

キリスト教関係の文献をあたってみよう。聖書だけでなく、遠藤周作や三浦綾子などのキリスト教文学も読んでみようか。教会でどういうことが行われているかも詳しく知りたい。

「現地現物」だ。教会に行ってみよう。

❖それは、愛ではないでしょうか

「領収書ください。宛名はリクルートで」

東京・四谷にある聖イグナチオ教会。

私は教会にある売店で、キリスト教関係の書籍やグッズを買い求めていた。

美術館の売店に似ている。聖書はもちろん分厚い資料集から文庫サイズの入門書までさまざまな書籍が並び、キリストや聖母マリアの絵が描かれたポストカードやメモ帳、十字架のついたキーホルダーや携帯電話のストラップなどもあった。

こういうグッズが昔にもあったのだろうか。

多種多様な商品を眺めながら、十六世紀に海を渡ってやって来た伝道師のことを思った。キリスト教の歴史を記した本を手に取ってみる。

言葉も満足にできない状態で異国に乗り込み、バックグラウンドの異なる人々に教えを語り伝え、今日に至るまで広く長く浸透させることに成功した、キリスト教の伝道師たち。考えてみれば、途方もない仕事である。なぜ、そんなことができたのか。自分が伝道師だったら、どうするだろうか。

これまで歴史の教科書のなかの出来事であったことが、急に実感のある問いとして立ち現れてくる。

書籍、十字架や聖母像、お祈りカードなど八千円分もの買い物をして、店番をしていたシスターに領収書を求めたところ、彼女は顔をあげ、不思議そうな表情で私に訪ねた。

「どうしてリクルートさんがこんな本を買われるのですか」

「仕事で、クライアント企業における価値観の浸透に取り組んでいるのです。キリスト教の伝播プロセスに何かヒントがあるような気がして」

シスターは興味をそそられたようである。

「経営の理念みたいなものを浸透していくために、何が大切なんでしょうね」

そう聞いてみた。

おそらく五十代と思われるそのシスターは、しばらく考えて、言った。

「それは、愛ではないでしょうか」

「愛、ですか？」

「ええ。私どもから昨今の企業社会を見ておりますと、リストラですとか、人を大切にしないことが多すぎます。社員を大切にしないのに、会社の理念を大切にしろと押し付けても、社員の方々は受け入れないでしょう」

はっとさせられる言葉だった。理念の浸透、組織のビジョン、企業の経営、などの言葉を、愛という文脈でとらえようとするビジネスパーソンがどれだけいるだろうか。

ビジネスの課題をビジネスの言葉で語るのは容易かもしれない。しかし、いま私たちが向き合っている課題は、もっと深遠なものであるはずだった。歴史的、経験的に――。ビジネスの世界とは無縁の所にいるシスターは、そんな普遍的で根本的な視座から企業社会を眺めているのかもしれない。

シスターは、上智大学神学部の山岡三治学部長に会ってみることを私に勧め、連絡先を教えてくれた。

「とても温かい親切な方です。きっと相談に乗ってくださることでしょう」

❖心の中の宝物を、共に見つける

さっそく山岡学部長に連絡したところ、取材を快諾していただいた。プロジェクトの目的、これまで調べたこと、考えたこと、うかがいたいことを記した資料を作り、あらかじめ送付した。

その日、案内されて学部長室に入ると、神学部長は私たちの資料にところどころ線を引きながら思索しているようであった。

山岡三治氏。パリ、デトロイト、アラスカ、中国など世界各地で経験を積み、イエズス会日本管区神学院長、中国センター副所長等を歴任してきた、日本におけるイエズス会の重鎮である。

プロジェクトの背景や取材の目的などを説明した後、私は切り出した。

「カトリックの布教のプロセスにヒントを求めたいのですが」

神学部長は答えた。

「高津さん、〈布教〉という時代は終わりました」

十六世紀以来、カトリックの布教に命をかけ、世界各地で成功と失敗、迫害や弾圧すら経験してきたイエズス会。しかし、その長い布教の歴史は終わったのだと山岡氏は言う。

もっとも、宣教や伝道をあきらめたわけではない。布教というパラダイム――伝道者が上に立ち、下にいる人々に教えを授けるという構図が、成り立たなくなったという意味だ。

「上から下へ、相手の持っていないものを授けてやるのだ、という考え方はもはや機能しません。いや、もともと機能しないのです。そういうやり方は、西洋の科学技術が世界の最先端を行っていた一時期に、力のない伝道者が安易に技術の威光を借りて行なっていた方法にすぎません」

そのような形でカトリックの教えを「授けた」信者が、年をとるにつれて信仰心を失い、土着の宗教に戻っていく例が多数見られたのだという。

「成功した伝道者は、どういう方法をとったのでしょうか」

「ザビエルの名前はご存知ですよね。その後に日本を訪れたヴァリニアーノという伝道者がいるのですが、彼は日本の茶道に注目しました。ちょうど千利休の時代です。ヴァリニアーノは武士であり茶道家でもある高山右近と親しく交流しただけでなく、修道院に茶室を作りました。自ら日本的な生活を送り、自分が人々に受け入れてもらえるように努めたのです」

アフリカ系アメリカ人に対して、ゴスペル（霊歌）を用いた伝道を行ったのも同様の例だという。それは、音楽や身体を動かすことによるコミュニケーションを得意とする彼らと対等に関わるなかで、伝道者が自然に見出した方法なのだろう。

相手の立場や「文脈」を考えて接するということ以上の示唆が、そのエピソードには含まれている。伝道者が自らの立ち位置を転換しているのだ。

神学部長は続けた。

「教えるのではなく、共に学ぶのです」

キリスト教でも仏教でもイスラム教でも、「教え」とされていることは、煎じ詰めれば、どの宗教でも似通っているのだと彼は言う。山にたとえれば、宗教とは頂上へ至る道であり、それは複数存在するが、どれも同じ一つの頂上に向かっている。

人がその数多くある道のいずれかを選び、善い生き方を説く「教え」に近づくために一所懸命に登ること、登りたいという心を抱くことこそ大切だと言えるだろう。

「キリスト教文化の馴染みのない土地に住む、キリストの名前や教えをまったく聞いたことがない人々でも、神の存在や、何かしら本質的なものへの畏怖心や信仰は、持っているに違いありません」

「〈相手の心の中にある宝物〉を相手と一緒に見つけながら、共に豊かになること。伝道者の役割とは、そういうことです」

❖「浸透」への違和感

キリスト教の調査から得られた示唆を、プロジェクトに関わる皆に伝えた。デンソーの佐藤部長は静かに頷きながら話を聴き、他のメンバーもしばし黙って考えを巡らせた。

相手の心の中にある宝物を、相手と一緒に見つけながら、共に豊かになる。——その言葉は私たちに本質的な問いを投げかけていた。

それまで、デンソー・スピリットを、日本のデンソーにはあるが海外にはないものとして考えていたが、本当にそうだろうか。それは日本から海外に「教える」ものなのか。

「先進、信頼、総智・総力」

何か特別なことを言っているだろうか。

わかりにくいことでも、日本文化に独特のことでもない。

日本のデンソーが特別なのは、それを高いレベルで体現しつづけてきた歴史があるということだけかもしれない。

初の海外拠点は一九七二年にロサンゼルスで立ち上げられた。十年以上の歴史を持つ拠点は他にも、いくつもある。そこで働く人々の心には、既にデンソー・スピリットは根付いているかもしれない。仮にそれを自覚していないとすれば、私たちは、気づかせることを目指せばいい。

「相手の心の中にある宝物」とデンソー・スピリットをつなぐことだ。

もちろん、設立して間もない、中国やサウジアラビアなどの拠点では、そう簡単にはいかないかもしれない。だが、そこで働く人々のなかにも、「良い仕事をしたい」、「貢献して喜ばれたい」という気持ちは、あるのではないか。私たちは、そういう気持ちをくみ上げて、それがデンソー・スピリットにつながることを示していけばいい。

だとすれば、私たちが目指すべきは、彼らの中にあるものとスピリットとのつながりを、彼らと一緒に見つけ、対話を通じてその体現を――山を登ることを手伝っていく、そんな伝道者の姿なのではないか。

「必要なのは、つながり、ですね」と吉川がつぶやく。

私は皆を見回して言った。

「これから、〈浸透〉という言葉を使うのは、やめにしませんか」

❖「三つの道筋」のモデル

キリスト教からの学びを振り返り、また、デンソーがこれまで大事にしてきた職場活動にも照らし合わせるなかで、三つの道筋が浮かび上がってきた。

第一に、語り伝えるという道筋。

第二に、体験を共にするという道筋。

知識による学びも、行動による学びも、どちらもおろそかにしてはならない。

そして第三に、対話する、という道筋。

伝道師は、対話を通じて、相手の心の中の宝物を相手と一緒に探す。上司が折に触れて部下の行動と理念を結びつけることも、対話を通じて行われる。そして自問自答とは、自らとの対話である。知識による学びや、行動による学びは、対話によって、自分自身につながっていく。

世界のデンソーの全員が、デンソー・スピリットと自分自身との「つながり」を見出し、行動を通じて表現している状態。私たちが目指すのは、この状態を実現することだ。

そのために不可欠なのは、「語り伝える」、「体験を共にする」、そして「対話する」というこの三つの道筋である。そうであれば、企業事例の調査から策定した「五つのハコ」も、この三つの道筋を取り囲み、促すような役割を持っているのではないか。

歴史的・経験的に実証された「基本的な考え方」が、見えてきた。

「3つの道筋」のモデル

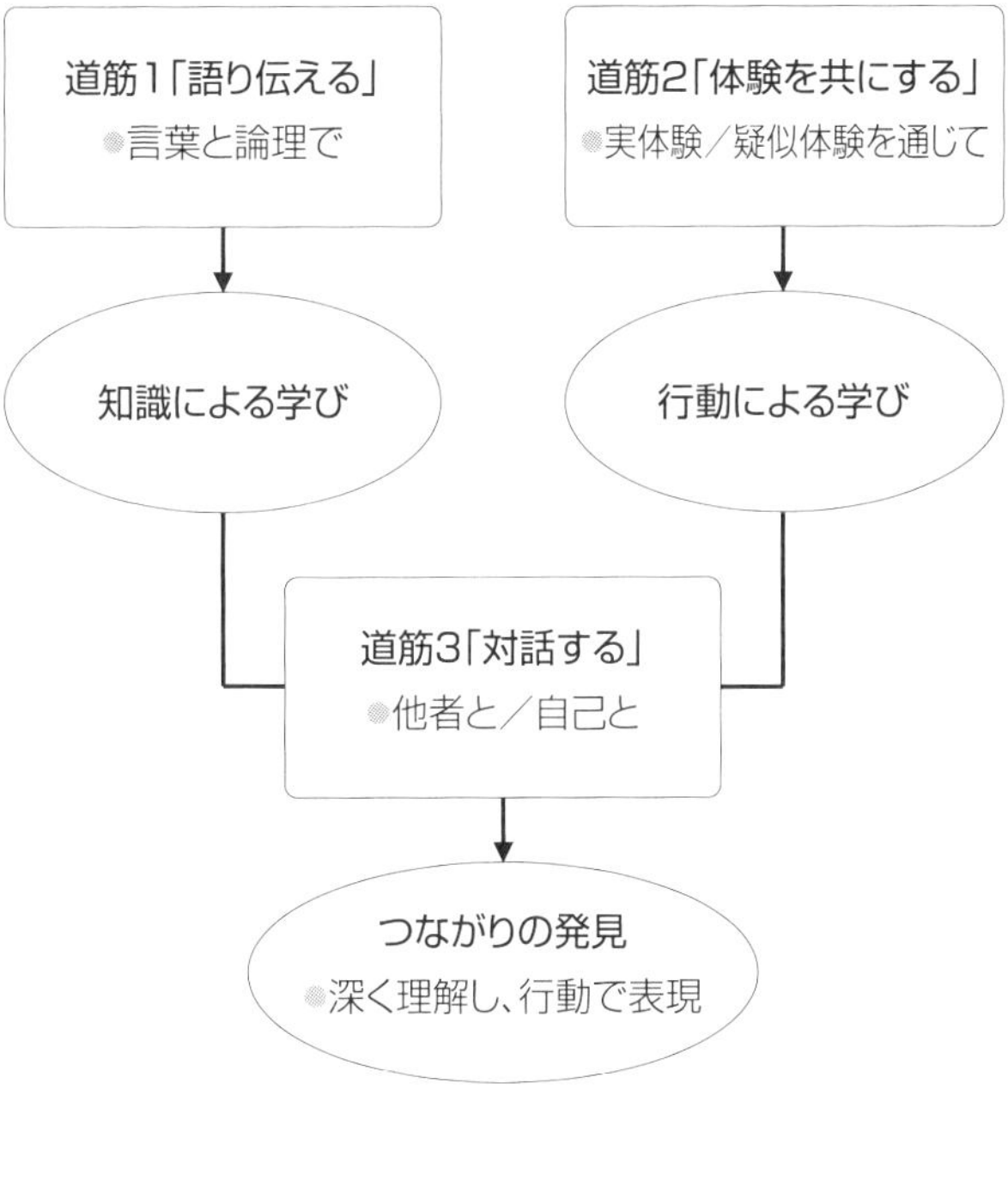
道筋1「語り伝える」
言葉と論理で
道筋2「体験を共にする」
実体験／疑似体験を通じて
知識による学び
行動による学び
道筋3「対話する」
他者と／自己と
つながりの発見
深く理解し、行動で表現

理念の組織的な共有モデル：
「５つのハコ」が「３つの道筋」を包む

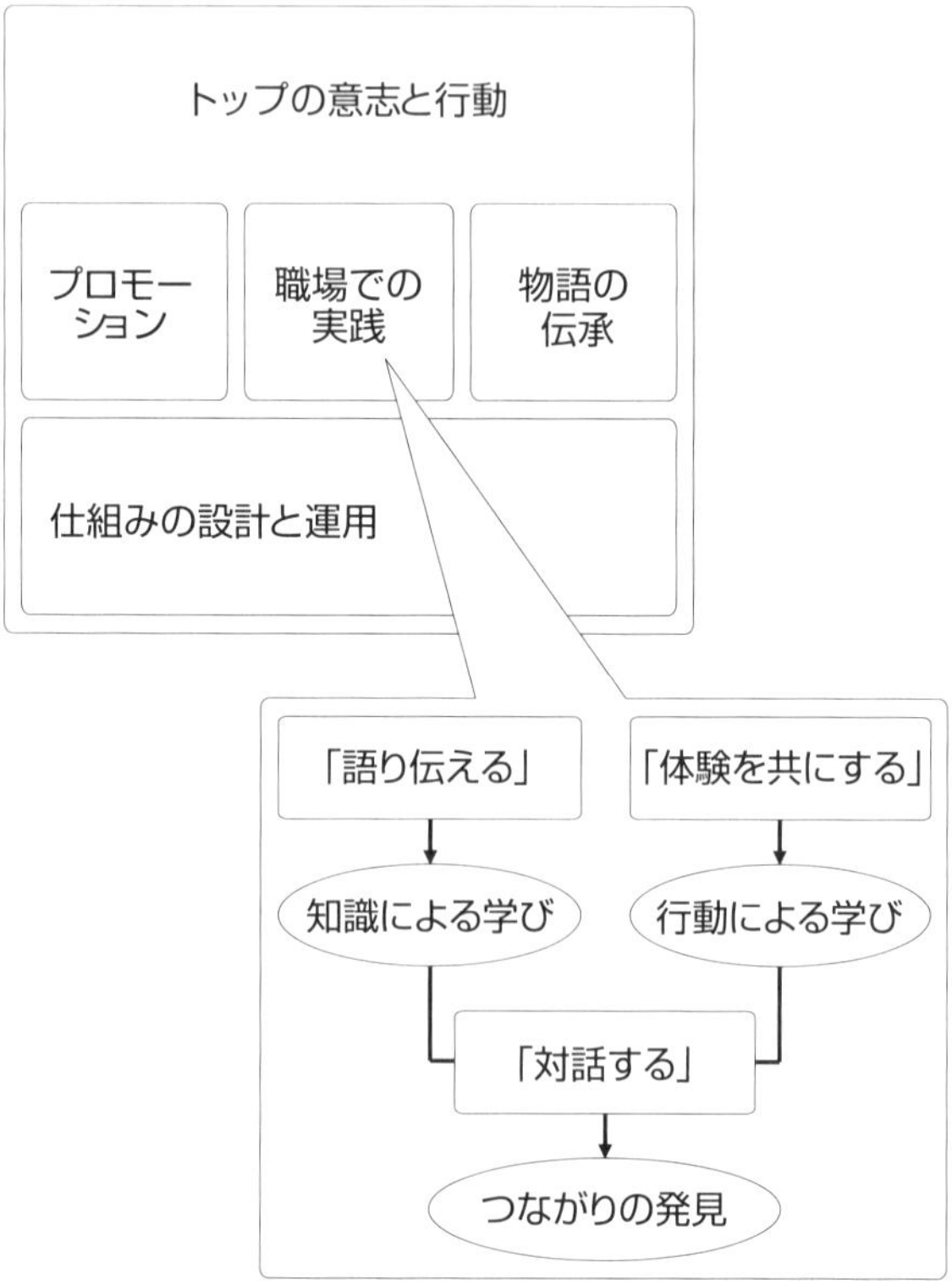

7

共に歩む決意

❖face to face と side by side

理念の共有のあり方について探求していく中で、私はあるカトリックの教会が主催している「愛の講座」に参加してみました。週末に、一時間、神父と参加者が、主に結婚生活をテーマに語り合う場です。

参加者はさまざまです。これから結婚しようとしているカップル、悩みを抱えた夫婦、離婚した事実と向き合い、受け入れようと努力している女性。もうすぐ銀婚式を迎えるある夫婦は、自分たちのあり方を常に見つめなおすために、この数年間、毎週出席していらっしゃるようです。

参加者――そのときは十人くらいでした――の簡単な自己紹介が終わると、神父は、次のような話を始めました。

「夫婦関係のあり方には、face to face と side by side の二つがあります。

恋愛しているとき、その二人はしばしば face to face の関係になります。お互いを見つめあい、お互いの魅力を見つけあって、それに感動し、気持ちが高まる。あなたがこうだから私は幸せ、という関係です。

しかし、いつまでもこの関係のままでいると何が起こるか。見つめあっていれば欠点もまた見えてくる。欠点は、見つめれば見つめるほど大きくなっていく。そのうち、相手の欠点があなたの不幸の原因となる。私が不幸なのは、あなたのせいだ、ということになります。

夫婦関係を幸せなものにするためには、side by side の関係が大切です。はるかな地平線のような憧れに向かって、並んで歩いていく関係です。歩いていきながら、ときどき互いを見つめあい、そしてまた前を向いて歩いていく。その関係のなかで、互いの違いは、制約ではなく、力に変わっていきます」

神父は、ゆっくりと話し終わると、またゆったりした口調で、参加者に問いかけました。

「さて、では今のお話。賛同、反論、疑問、追加。何でもいいです。どうぞ」

参加者は、一人ひとり、考えを述べます。神父は、微笑みながら頷きながら聞きます。疑問や反論に即座に応ずることはせず、ただ参加者を順に語らせていきます。自然と一人ひとりの中で何かが見つかるのを待っているかのように。

❖伝道師はどこに

「伝道師をつくりたいが、ふさわしい人物がいない」

理念浸透のコンサルティングをするなかで、このような嘆きをよく耳にします。

「職場で理念を語って聞かせ、教え、みなの模範となって率先して実践するような者が必要だ。そう、伝道師というからには理念を体現していなければならない。だが、我が社にはまだそれだけのレベルの人材がいない。人選を間違えると、理念が歪んで伝わってしまいかねない」

一見、もっともな主張です。しかし、こうした主張にこだわっていると、前に進むことはできません。いつか突然、「理念を体現している誰か」が現れるのだ、と信じて、それまで待ち続けることができるのでしょうか。

先に、その歴史的な役割を果たし解散した産業再生機構では、企業理念の再構築と徹底を、企業再建策の柱の一つにしていました。経営者の努力は、言葉を編み上げ、語ることにとどまりませんでした。現場の会議に突然顔を出し、理念に沿った言動があればそれを褒める。そしてもちろん、理念に反する言動があればそれをその場で戒めたそうです。

再建のために、外部から乗り込んだ経営者。
その企業の美点を踏まえながらも、あらためて策定された企業理念。
経営者ですら、その理念をいま完全に体現しているということは、ないはず。

しかし、企業としての「憧れ」を記した理念がそこにある。
経営者としてその体現に自ら真摯に取り組んでいる。

この二つの前提があるとき、厳しい指摘も可能になります。

経営者であれ、伝道師役の現場リーダーであれ。

大切なことは、理念の体現に真摯に取り組む、という、決意なのです。

❖憧れに向かって歩む決意

「同じ憧れに憧れられるのが、先生と生徒の良い関係です」

日本におけるコーチングの第一人者であり、学校教育の改革にも取り組んでいる加藤雅則氏は、あるときこう話してくれました。

「先生という言葉は、どこか憧れの地にたどり着いていることを意味してはいないのです。「先」に「生」きている——先を歩んでいるということに過ぎない。先生が、自分は既にどこかに到達したと自負して歩みを止めれば、先生と生徒はface to faceの関係に陥ってしまう。先生は生徒の欠点ばかり気にするようになり、生徒は反発するようになります」

人は皆、修行中なのです。それをいつ始めたか、どれくらい真面目に取り組んできたかによって、修行の段階に差はあると思います。しかし、「地平線のような憧れ」というスケールで考えれば、先にいるからといって立ち止まり、振り返って教え諭すのは、不遜とすら言えるでしょう。

先を歩む者にとって大切なのは、自分もまた修行中であるということを、身をもって後進に示すことではないでしょうか。

❖行動主義的アプローチへの回帰

先を歩むものとして、まずは自ら理念の体現に取り組むことが大切です。そして、自分の日々の実践を、周囲がよく見ていることを意識したいものです。

「まずは、キリスト者になりたい、との気持ちを育てることが大切だ」

先にご紹介した上智大学神学部長の山岡三治氏の言葉です。

かつて教会は、キリスト者の「数を増やすこと」を過度に志向してしまった、といいます。世界の、多くの人々に対して、積極的に教理を教え、洗礼を授ける。これを長年続けてきました。しかし、洗礼後の行動については、本人に任せる、いわば放任の状態になることが多かったようです。ですから、時を経るにつれて信仰心を失い、やがては土着の宗教や思想に戻ってしまった人々が多かったのです。確かに、数は増えたのですが、信仰心は希薄化していきました。

このことは、説明して頭で理解させる、あるいは儀式によって形ばかりの理解を促すことの限界を示しています。

いま、カトリックはこれまでの反省に立ち、より行動主義的なアプローチに戻す試みを行っているとのことです。

生活や行動を正す、それから洗礼を授ける、そして、最後に教理を教える、という順です。まずは、キリスト者としての生活ができるようになってきたか、二年ぐらいの時間をかけて見ていきます。教理などの知識は、知識を受け入れる準備ができてはじめて、知識に対する渇望が出たときにはじめて、授けるのがいいのだ、と考えるようになったとのことです。

そして、その行動主義的なアプローチの出発点が、「キリスト者になりたい、との気持ちを育てること」、すなわち、「あの人のようになりたい」という憧れを抱かせるような誰かがそこにいる、ということなのです。

❖伝道師の条件

デンソー・スピリットの共有活動の担い手は、どうあるべきなのか。

海外での共有活動を開始するにあたって、デンソーのチームと私たちは議論を重ねました。世界三十カ国・十万人というスケールで考えれば、「スピリットを体現している」人物の数は、到底足りない、と考えられたからです。

プロジェクトチームでは、伝道師的な役割を、二つに分けることにしました。

一つを、プロモーターと呼びます。プロモーターは、デンソー・スピリットの職場での共有活動の計画を作り、さまざまな人々と連携しながら、その実施をリードしていく役割を担います。たとえば、スピリット研修を主宰しその進行役を務めたり、スピリット冊子の輪読会を展開したり、拠点内に潜む物語を発掘し展開する運動を企画したり、といったことが期待されます。この任務には、現地人や日本人のミドルマネジャーで、特に職場で信頼されている人物を選ぶことにしました。旗振り役ですから、みなの協力を得られることが大事です。

一方、デンソー・スピリットの高みや深みを示す役割を担う人が必要です。プロモーターが企てるさまざまな活動に必要に応じて参加し、その場を凛と引き締め、質を担保する。また、当然日常の業務においても、範を示している。プロモーターよりもシニアなデンソーのマネジャー、たとえば、現地拠点のトップやそれに次ぐエグゼクティブがこの役割を担います。特に設立後の歴史が浅い拠点においては、日本人出向者がその中心になります。

そして、どちらの役割に対しても、準備のための研修――ワークショップと呼んでいます――をつくり、提供しています。

プロモーターに対しては、後ほど第九章で描きますが、互いの物語を語り合うことなどをきっかけに、デンソー・スピリットと自分自身との「つながり」をみつけ、プロモーターとしての活動に意味を見出してもらうことを目的にしています。

もう一方の役割に関しては、海外拠点での幹部を集めた研修と、これから海外に出向する日本人の全員に対する研修が、始まっています。現地での仕事の質を上げていくためにも、デンソー・スピリットの共有と実践を自らのマネジメントの一つの柱にしていく決意を。そして、日本では茶を学び、アメリカではゴスペルを生み出したキリスト教のあの伝道師たちのように、その拠点やその人々にふさわしい共有のありかたを、プロモーターと共に考える大切さを、感じてもらう機会にしています。

しかし、どちらの役割にも共通する一つのことがあります。

デンソー・スピリットと自らのつながりに思いを馳せ、自らに問いつづけ、スピリットを行動や姿勢で表現するよう努力する。その姿を、人々が常に見ていることを意識する。地平線のような憧れに向かって、人々と共に歩む。

その決意をすること。
これは、個人の選択の問題です。

この選択をするか、しないか。

煎じ詰めれば、伝道師の条件は、この一点に尽きると思います。

8

余白をつくる勇気

❖問いが、能動的な思考を生む

第二章の、大手輸送機器メーカー・A社でのビジョン・キャラバンの様子を振り返ってみましょう。

「経営ビジョンを説明することに留まるのではなく、あなた自身がビジョンをどう捉え、ビジョン実現にどう取り組んでいるのかを、語っていただきたい」

最初の数回のセッションを終えた段階で、参加者アンケートの分析を踏まえて、私たちが全役員にそうアドバイスをした、ということをご紹介しました。

社員の共感を得られた役員に共通する特徴が、経営ビジョンに対する自分の思いの表明のほかに、もう一つありました。

「一緒にやってくれませんか」
「皆さんは、どうですか」

彼らは、参加者に問いを投げかけていたのです。

問われた参加者は、自分の頭と感性を働かせ、その問いに答えようとします。そこに主体的、能動的な思考が生まれるのです。

私たちは、A社の全役員に対して、もう一つのお願いをしました。

「参加者に問いかけてください。恐れずに、呼びかけてください。すべての答えをあなた自身が持っている必要はありません。参加者と共に考えてください」

❖ 十分間の余白

役員に対する二つのアドバイスに加えて、私たちは場の作り方の見直しにも着手しました。最初の数回は、二時間のセッションのうち、役員やファシリテータの紹介や最後のまとめを除いた正味九十分を、役員からのプレゼンテーション五十分と、四十分の質疑応答、という二つに分けて進めていました。

実際には、後半の四十分は、なかなかいい時間にはなりませんでした。滅多にあったこともない会社の偉い人からのお話を受けて、同僚五十人の前で、意味のある質問をする。そもそも、誰にもたやすくできることではありません。

見直しは、以下のようなものでした。

役員の参加者への語りかけを、四十分に短縮する。その中で役員には、「経営ビジョンの骨子説明」「経営ビジョンを自分がどう捉え、どう取り組んでいるかの表明」「参加者への問いかけ・投げかけ」の三つのポイントを押さえてもらう。後半の四十分は、質疑応答という呼び方を改め、役員と参加者の対話に当てる。

その上で、前半の役員からの語りかけが終わったところで、私たちのファシリテータが、参加者に以下のように呼びかけることにしたのです。

「それでは、今近くに座っている方と三、四人のグループを作って下さい。グループの中で、今の役員のお話を聞いた感想や印象、疑問点など、何でもいいですから話し合ってください。その後で、全体での対話を行います」

役員とのプログラムの一時間の中で、十分間という貴重な時間を、役員からの語りかけでも役員との対話でもないことに使う。A社の事務局にとっては、勇気のいる判断だったようです。しかし、続く四十分間の対話の時間の「質」は、明らかに変わりました。

役員の話がわからなかったから確認したい、という趣旨からではなく、現場にいる社員として見えていないことを経営に問う趣旨からの質問が増えた。

自分たちが職場で感じている不安を役員に伝えたい、それだけでなく、不安の中で取り組んでいる活動とその思いを役員に知ってもらいたい、との気持ちから生まれる意見表明が出てきた。

そして、役員の思いに共感し、自分たちも共に戦いたいとの決意を語る社員があらわれるようになった。

「新しいビジョン実現のために自分がすべきことがわかりましたか？」
「自分も行動しようと思いますか？」
この二つの質問にイエスと答えた参加者の数は、大きく増えました。

十分間の「余白」は、無駄にはならなかったのです。

❖神父の開放的な問いかけ

前章で触れた「愛の講座」で、話し終えた神父は、参加者にどんな投げかけをしていたでしょうか。

「さて、では今のお話。賛同、反論、疑問、追加。何でもいいです。どうぞ」

参加者は、一人ひとり、考えを述べる。神父は、微笑みながら頷きながら聞く。疑問や反論に即座に応ずることはせず、ただ参加者を順に語らせていく。

一人ひとりの中で何かが見つかるのを待っているかのように。

教えを「ダウンロード」するのではありません。

説明と質問に、語り手と聞き手に分ける、という分断思考ではない。

お話があり、それを起点にした内省がある。ほかの人がそのお話とどんな「つながり」を見出しているのかを聞きながら、それぞれが自分自身との「つながり」を見出していくのでした。

❖説明し尽くさないことの意味

ある大手の金融機関での出来事です。

新しい経営理念は、作られた当時に冊子として配られましたが、その後これといったフォローはされていませんでした。このため、それから二年たった時点では、現場ではほとんど意識されていない状態になっていました。

そのことに危機感をいだいた社長の指示のもと、社内に理念再浸透チームが結成されました。私たちは、このチームと仕事をする機会に恵まれたのです。

全国の各職場でワークショップを開催することになりました。各職場で、課長クラスの管理職が進行役となって、メンバーと共に語り合う二時間のミーティングを行うのです。理念の理解を深め、その実践のために今後職場でどのようなことに取り組むのかを決める、というのが、ワークショップのゴールです。

ワークショップの成否の多くが、進行役である全国の課長にかかっていました。事務局の中では、課長を助けるために、事前準備資料には理念に関する詳しい解説や実践事例など、数多くの情報を盛り込むべきではないか、といった意見もありました。

しかし、事務局のリーダーの思いは違っていました。

「私は、現場の管理職たちを信じて、やってみたい。情報を減らすことで、むしろ彼らが自分で考えてくれることを、期待したいのです」

結局、事務局と私たちが課長たちに配ったのは、「経営理念の内容・背景・ねらい」と「ワークショップの進め方」という、よく練られてはいるが大まかな資料二点だけでした。

ワークショップ終了後、事務局には課長たちからの多くのレポートが寄せられました。そのうちの一つが、実際に起こったことを雄弁に物語っています。

うちは社内向けの事務的な業務が中心の組織であり、メンバーの年齢も低いため、なかなか理念と仕事を結びつけることが難しいだろうと考えた。それで自分なりに、なぜ理念が大切なのか、具体的にはどんな行動なのかを、職場の業務に関連付けて整理した上でワークショップを開催した。

予想通り、最初は理念と、普段の仕事に距離感があるという意見が大半であった。しかし、考えておいたことを説明したところ、みな、納得感があった様子で、普段から取り組んでいることの中に、理念に沿った活動が既にあるという指摘と、さらにこんなことに取り組んではどうかというアイデアが出て、活発な議論になった。

日々の仕事の中で、それぞれが感じている問題意識が共有され、組織の一体感が高まったように感じる。

❖余白で成り立つ芸術

五・七・五の合計十七文字で表現される世界最短の文学、俳句。俳人の黛まどか氏に、俳句を教わる機会がありました。

「俳句の有季・定型・十七文字という縛りは、世界一きつい。その中では『言いおおせない』という前提に立って、五七五の後の余白や余韻を楽しむものだ、と考えてください。

言葉を紡ぐということは、すなわち、余白を紡ぐことなのです」

その日、私がはじめて作った俳句（らしきもの）は、恥ずかしながら、まさに十七文字という縛りと戦いながら『言い尽くす』ことを目指したものでした。

俳句という営みは、作者と鑑賞者の間の信頼関係によって、芸術として成り立っています。作者は、鑑賞者を信頼し、余白を委ねる。鑑賞者は、作者から与えられた余白を埋めるために能動的に頭と心を動かす。そして、鑑賞者の心の中に、ある情景がありありと浮かんでくる。その情景が、この芸術のアウトプットなのです。

考えてみると、鑑賞者の参加を前提とするのは、私たち日本の伝統的な芸術や文化の一つの特徴だと思います。西洋画は対象物を克明に描ききろうとする傾向があります。それは一つの風景や映像、物語を、キャンバスのなかで完成させようとする芸術です。一方、日本画は、あちこちに余白があり、しばしば絵の外縁も定かではありません。観る者がその風景のなかに入り込めるようになっているのです。禅問答というのも、それに似ています。

読む人や観る人の参加を前提とする。そんな双方向的な芸術や文化が私たちのまわりにあることの意味を、大事にしたいと思います。

❖自律には余白が必要

余白は、主体的な思考と実践のために必要な、「間《ま》」でした。

キャラバンの参加者の共感とやる気を高めた、役員からの問いかけも。

役員の語りと役員との対話の間に設けた、十分間の少人数での話し合いも。

神父の、「賛同、反論、疑問、追加、何でもいい」という緩い投げかけも。

課長のワークショップを成功させた、語り尽くさない資料も。

そして、人の心に情景を生み出す、俳句の十七文字も。

その「間」へと導く入り口であったということがわかります。

勇気をもって、余白をつくることができるか。
そして、相手がきっと余白を埋めてくれると、信頼することができるか。

理念の共有を進めるにあたっては、テクニックやノウハウレベルではない、
人としての基本的なあり方が問われるのです。

私の中にスピリットはあった

9

デンソー・プロジェクト・ストーリー④

二〇〇五年一月二十五日。マーク・キャラウェイは米国テネシー州を発って日本に飛び、愛知県刈谷市を訪れていた。彼が向かったのは、デンソー本社のカンファレンスルームだ。

彼は北米におけるデンソーの製造拠点の一つであるデンソー・テネシーにおいて、HR（人事関係）マネジャーのポジションにいる。その日、彼は世界各地のHRマネジャーが一堂に介する、デンソー・グローバルHRフォーラムに出席するため出張してきたのである。

❖退屈な仕事

白地に会社のカラーであるデンソー・レッドで「Denso Global HR Forum」と記された看板が掲げられた会場には、以前から互いに面識のある人々もいるようで、懐かしげに声をかけあう和やかな雰囲気と、年に一度のイベントを前にした緊張感とが混ざりあっていた。

もっとも、マークは家を出るときからあまり気乗りしないものを感じていた。このフォーラムに出席するのは、これが五回目だ。つまり、もう五年も今の仕事を続けている。それが嫌なのではない。HRマネジャーの仕事にはやりがいもあり、自分の働きに自信もあった。

ただ、この手のフォーラムには飽き飽きしている。本社のお偉方が出てきて、もっとも至極な話をして、参加者は頷きながらそれを聞く。それだけだ。五年も経てば各拠点の担当者もずいぶん入れ替わり、最近は若手の抜擢も盛んだから、まもなく四十歳になる彼と話の合いそうな仲間も見当たらない。要するに、フォーラムへの出席は、彼にとって退屈な仕事でしかなかったのだ。

今回のフォーラムの主要テーマは、スピリットだ。「デンソー・スピリット」

をグローバルに普及させていくために、日本の本社のグローバル人事部や経営陣が現場のＨＲマネジャーと議論するのだという。

だいたい、その議題からしてマークは気に入らなかった。スピリットや、ビジョンや、ミッションなどという言葉を、これまでどれほど聞かされてきただろう。お偉方が口にするそうした言葉自体に異論はない。むしろ、議論のしようがないほど清く正しい言葉ばかりだ。いいよ、あなた方は正しい。だけど、だからって何なんだ？　そのスローガンを聞かされて、ノートにメモして、持ち帰って皆に話す、それだけのためにわざわざ世界中から人を集めるなんて。こうしている間にも、現場の連中は何か不満を抱えたり、問題を起こしたりしているかもしれないのに……。

マークはＨＲマネジャーとしての自分に密かな誇りを抱いていた。デンソー・テネシーは自動車のエアコンのコントロールユニットなどを製造する中規模の拠点だ。エアコンを制御するコンピュータは、車体の内部に格納されているため人目にはとまらないが、その機能は快適な乗り心地には欠かせない。仕事がつまらないなどと言ってくる若手がいたら、マークは、にっこり笑って言ってやる。

「俺は暑がりでね、蒸し暑い空気のなかにいると妙にイライラしたり憂鬱になったりするんだ。車でも同じさ。皆そうなんじゃないか？　車内がサウナみたいに蒸し暑かったら、運転も荒くなるし、助手席の彼女もご機嫌斜めになる。嫌だろう？　俺たちはそれだけ大事な部品を作っている。大事な仕事なんだよ……」

持ち前の明るさと責任感で、マークは現場の従業員たちの気持ちをしっかりと受け止め、給与体系や勤務環境への不満にも真摯に向き合ってきた。血の気も要求も多い社員たちだが、そのぶん、やる気になればしっかりやる。上司と現場の狭間に立って、自分は良い職場をつくろうと頑張ってきたのだ。

そういう彼にとって、本社の役員たちが「スピリット」を語り聞かせてくれる場など、何の役にも立たないものだった。第一、現場を見てもいない人たちに何がわかるというのだ？

マークたち参加者は、五人ずつのグループに分かれてテーブルについた。プログラムの中に、グループでディスカッションする時間が設けられているためだ。議論を促すために主催者側も少しは考えたと見える、と彼は心の中でつぶやいた。こうして他の参加者の目にさらされていたら、退屈な話を上の空で聞き流すことは難しそうだな。

グループの他の四人は、いずれもマークより若く、うち二人はＨＲマネジャーになって間もない、初参加のメンバーだった。こうして多くの仲間と会って話ができる機会を楽しみにしてきた、と一人が言った。

がっかりしなければいいが。マークは主催者たちに目を向けた。

会場の前方脇に、経営陣や人事部のスタッフらが集まっていた。本社の人間だから大半が日本人だ。欧米人が一人いるが、どうやら通訳のようだ。マークはデンソーがグローバル企業であることを改めて思った。言葉も違うし、文化も違う。そもそも、そんな企業で「スピリット」の共有など無理ではないか？

彼がそう思ったとき、ざわめきが止み、スタッフの一人が開会を告げた。

❖身近なドラマの存在を知る

最初に前に立った役員の話は、まさにマークの疑問に対する答えを示すものだった。

彼は、今日のデンソーがいかに幅広く、グローバルに事業展開しているかについて説明した。世界中に事業拠点がある。ヨーロッパ、アジア、南アフリカ、中東にだってある。資料によれば、サウジアラビアでも車に取り付けるエアコンを製造しているらしい。ターバンを巻いて作っているのだろうか。まさか、と思いながらもマークにはそんな光景が浮かぶ。ともかく、あまりに遠い異国である。

だから、役員が「グローバル化によって各地でデンソー・スピリットが薄れていくことを恐れている」と話したのを、マークは当然のことだと思った。とはいえ、業務の円滑な遂行は、マネジャーがきちんと指導を行なっていれば可能なことだ。業務プロセスの標準化も進んでいる。スピリットを振りかざす精神論が、そんなに大切だろうか。もともと違う人間同士だ。心の中まで標準化しようなんて不可能だし、無意味だろう。

役員は、これからあるビデオを見て、スピリットについて考えてみてほしいと言った。照明が薄暗くなり、前方のスクリーンに映像が映し出された。

それは日本の一工場での物語だった。従業員たちがてきぱきと作業している様子が映し出される。何やらていねいに指導している上役と部下らしい人々の姿。アップで映された若者の、部品を見つめる真剣な表情。その工場では、ある自動車メーカーに納入する部品を製造している、とナレーションが入る。

あるとき、その納品先のメーカーから、デンソー本社にクレームの電話がかかってきた。同工場で作られた部品が正常に作動しない、欠陥品だという。かけてきた先方の担当者はカンカンに怒っていた。本社の担当者は早急に対処する旨を伝え、直ちに工場に連絡。工場長も即座に動いた。

この情報はすぐに関係者に伝えられた。彼らは意外に思ったという。

「それまでと同様、正確に製造プロセスを踏んで作っていた。正直に言って、欠陥があるというのは先方の見誤りではないかと思った」

一方で、するべきことは明白だった。数人が選ばれ、即座にその納品先を訪れた。出向いた彼らに対し、先方の担当者は怒り収まらぬ様子で、損害賠償だ、こんなことではデンソーとは取引できなくなる、と言い放った。

出張部隊は、まずデンソー・スピリットに謳われている「現地現物」――事態を正確に把握しようと努めた。組立工場に足を運び、自分たちの部品が本当に作動しないのか、その原因は何なのかを調査した。

その結果、新たな事実が発覚した。作動しなかったのはデンソー製の部品に問題があったのではなく、それを組み込む母体となる他社製の部品に欠陥があり、互いに干渉することが原因だったのだ。

「ひとまず安心しましたし、やはりそうかという気もしました」と、出張した社員の一人は語った。損害賠償も受けないし、取引中止にもならずに済む。

だが、それで引き上げようと考えた者は一人もいなかった。「品質第一」、そして「カイゼン」。問題の所在がわかった以上、その解決のためにベストを尽くすのが、デンソー社員のあるべき姿だ。彼らは欠陥のあった他社製の部品との関係を分析し、改善すべき点を見出して、具体的な対応策を先方に提案したのである。その様子に触れた先方の社員たちは感激した。ある社員はこう語った。

「自分たちの責任ではないことにまで真摯に取り組む彼らの姿に、畏敬の念さえ覚えました」

一件落着した後、憤っていた先方の担当者は現場から正確な経緯を知らされた。そうか、そうだったのか。彼は直ちにデンソー本社に電話した。あのときは済まなかった、こちらの思い込みでさぞ不快な思いをされただろう、にもかかわらず問題解決に取り組んでくれたデンソーの皆さんに、心からお詫びとお礼を申し上げたい……。

デンソーは、先方の誤解にこだわらず、最善の対応に努めることで、顧客企業からの信頼をさらに高めたのである。

❖自分の物語を語りあう

ビデオが終わると、拍手が沸き起こった。

いつしか見入っていたマークは我に返り、明るくなった会場を見回した。多くの参加者が、感激を表情で示したり、何度も頷いたり、メモを取ったりしていた。

なるほど、良い話だ、とマークは思った。もし自分が主人公の彼らの工場にいたら、きっと肩を叩いて「よくやったな」と讃えてやるだろう。実際彼は、そうしたい気分でいっぱいだった。

しかし、――彼は再び疑問を抱いた。この話の登場人物のような人材を増やしていきなさい、と経営陣は言いたいのだろうが、今の話を持ち帰って皆に語り聞かせるだけでは、よくある訓話と何の違いもない。

マークには、周囲にいる若手のＨＲマネジャーたちが、それぞれの職場に戻って皆に話をしている様子が目に浮かんだ。皆もそれを、良い話だと思うだろう。そして、こう囁きあうのだ。「確かに良いエピソードだが、説教臭い奴だな」と。日本人は勤勉だというが、良い話をして聞かせるだけで、良い行動をするようになるのだろうか。だとしたら管理も楽だろうな、とマークは思った。

だが、うちの負けん気の強い連中には、偉そうに話したって、そう簡単にはいかないよ。だから自分は、真面目くさった話はやめて、ジョークを飛ばす。自分や時には上司だって笑いのネタにする。それで場が和むんだ。自分はそうやって良い職場をつくってきた。こんなこと、堅物の経営陣にはわかるまいが……。

ところが、役員が次に述べたことは、マークの意表を突いていた。

「私たちは皆さんに、今見た物語を自分の職場に持ち帰り、ただ話してくれればいい、などと考えてはいません。今のはあくまでも一つの参考事例です。

私たちが今日皆さんにお願いしたいのは、皆さん自身の考えを述べ、皆さん自身の物語を語ることです」

プログラムには、これからディスカッションの時間に入ると記されていた。

ファシリテータとして紹介された男が、前に出て挨拶をした。デンソーのロゴ入りのジャンパーを着ているからわからなかったが、聞けばデンソーの社員ではなく、本社が雇ったコンサルタントだという。

「コンサルタントか」マークは興ざめしたような思いでつぶやいた。自分たちのフレームを押し付けて、勝手なことを言ってくる連中の典型じゃないか。第一、外から来たコンサルタントに、デンソー・スピリットがわかるのか？

スクリーンに、ディスカッションのテーマが表示された。今のビデオを見て、「どんな行動や言葉に共感したか」、「類似した経験をしたことはあるか」について、グループ内で語りあってほしい、という。

どうやら、いつもとは雰囲気が違うようだ、とマークは思った。

❖スピリットの存在に気づく

時間はまたたく間に過ぎていった。

「どんな行動や言葉に共感したか」の問いには、ビデオの中で語られたいくつもの言葉が挙げられただけでなく、「よりわかりやすく言い換えれば、こういうことだと思う」という意見も出された。

「類似した経験をしたことはあるか」の問いについても、参加者一人ひとりが、競い合うように自分の経験談を口にした。作業手順を工夫してカイゼンを行った話もあれば、何か問題があれば自分は率先して先方に出向くようにしている、という話もあった。

自分より若手のマネジャーたちの話を聴くうち、マークも何か言ってやりたくなった。三年前の秋、取引先からクレームを受けて、皆で問題解決にあたったことを思い出した。首尾よく解決することができた後、相手に「ご指摘ありがとう」という感謝の気持ちを込めてクリスマス・カードを送ろうと皆に持ちかけたのはマークだった。

「まあ、そんなことは業務規程のどこにも書いていないがね」

彼が微笑んでそう付け足すと、グループメンバーの一人が言った。

「いや、それだってお客様からの信頼につながる、デンソー・スピリットの表れではないでしょうか」

そのディスカッションが終わると、職場でありがちなトラブルの事例を用いて、「こんなとき、どう対処するべきか」を議論する時間になった。そこではマークの豊富な経験が、グループの皆にとって良い学習素材になった。

最後のディスカッション・テーマ「これまでに経験した、最も印象的な仕事」でも同様だった。皆に求められるままにマークは自分の経験談を語った。他のメンバーそれぞれの経験談には、昔の彼自身の姿を見るような思いもした。「私にも昔、似たような経験があるが……」と、個々の話に対してマークは適切な指摘や補足を加えていった。もちろん、彼なりのユーモアを交えながら。

気がつけばプログラムのすべてが終わり、フォーラムは閉会を迎えていた。

ふと思い出したように、マークは前方の主催者たちを見た。

ディスカッションの間、彼ら主催者側は、教訓的なことを述べたり、参加者を教え諭したりするようなことが、まったくなかった。彼らは皆に質問を投げかけ、グループから出てきた意見について「その視点は面白いですね」、「それを別の視点から、たとえば、新入社員の視点から見るとどうでしょうか」など、ヒントのようなことを口にするだけだった。

「皆さん自身の物語を語ってほしい」と言った主催者側の思いは、どうやら本物だったようだ。

会場全体を見渡すと、主催者も参加者も、誰もが何か充実感を湛えた表情をしていた。マークは熱いものがこみ上げてくるのを感じた。今このとき、ここにいる皆が、スピリットを共有する仲間になった、と思った。

フォーラムの感想を求めるアンケートに彼は記した。

「デンソー・スピリットは既に自分の中にあるものだと気がついた。非常に勇気づけられる、意義ある体験だった」

10

憧れとつながる仕組み

❖仕組みの暴走

理念が共有され、実践されつづけるために、何らかそれを支える仕組みを導入することが効果的である――これは、第三章でご紹介した国内外各社の理念共有アプローチの研究で明らかになっていました。

しかし、サーベイや人事評価制度などの仕組みは、設計や運用の仕方いかんによっては、凶器にもなりうることを意識しておく必要があると思います。

情報システムサービス業を営むある企業の経営理念は、「お客様に高度な技術を用いたサービスを提供し、貢献する」というものです。常に技術力を磨き、技術に関する経験を蓄え、クライアントの役に立つようにそれを使っていく。創業時からこの会社が掲げてきた、大切な理念だった、はずでした。

しかし、その会社の現実は、理念から次第に乖離していきました。新しいサービスが出てこない。技術で他社に劣後し、価格競争に陥ってしまう。要件が固まらないままに、無理な受注に走り、納品トラブルで大赤字になるプロジェクトが出てしまう。そんなことも続きました。

また、多忙な現場では、若手のモラル・ダウンが進みました。「会社の先が見えない」「仕事に意味を感じられない」「成長実感がない」こんな声がよく聞かれるようになり、離職率もじわじわと高くなっていました。

実は、この現実を生み出した元凶の一つが、人事評価制度の設計と運用だったのです。

評価の項目は、売上貢献や利益創出など、成果をあらわす数字に極端に偏っていました。技術を学んだり、磨いたり、顧客の期待に応えるために努力したり、といった行動は、評価項目の中に組み込まれていないため、評価には反映されなくなっていたのです。また、ほとんどの管理職が、人事評価を、昇進昇格と給与配分のためのツールだと考えていました。

このように設計され、理解されていた人事評価制度は、何をもたらすのか。

人事評価面談の運用が、偏っていきました。数値目標の達成率を振り返る、評価結果を伝える、目標数字を割り振る、という三つだけを行う場になっていったのです。これは管理職からすれば合理的なことでした。そして、社員も、数値目標の追求以外の、評価されないことには頓着しなくなっていきました。社員の行動もまた、合理的なことでした。目標数値に関係のない会話は、日常からも減っていったのです。

人事評価制度に対しては合理的な行動を、皆がとっている。
しかし、その行動が、会社全体を、その経営理念から遠ざけていく。

こういうことが、その会社に限らず、日本中の多くの会社で起こっています。

同社の人事部から人事制度の見直しの相談を受けた私たちは、「そもそも論」から始めました。人事部長を含む人事部員との、いわば禅問答です。

そもそも、制度の見直しによって何を実現したいのか。
そもそも、人事評価の目的を何と置くのか。
そもそも、その会社の人と組織はどんな姿でありたいのか。
そもそも、あの経営理念は、これからも大切にしたいのか。

一つ一つ議論し、確認した上で、人事部と私たちは新しい人事評価制度を作りました。そして、その施行に当たっては、「人事評価は何のために行うのか」という基本的な考え方をまとめ、新制度の説明と同時に、社内に伝えていくことにしたのです。

人事部長は、社員に語りかけました。

「私たちの会社は、技術を通じてお客様と社会に貢献するために存在するのです。一人ひとりが、その一員であることを自覚し、仕事に取り組んで欲しい。そして、仕事を通じて個人が成長し、やりがいや誇りを感じられる会社にしたい。新しい人事制度は、そういう気持ちで作りました」

「一人ひとりが、上司と共に自分の仕事を振り返り、その意味や価値、そこでの自らの成長を感じること。組織の目的や目標、個人のキャリアプランを共有し、その上で何に取り組むか決めていくこと。そういったことが上司と部下の間で行われ、個人の成長が会社の成長につながるようにしたい。人事評価はそのためのツールであり、評価面談はそのための機会なのです」

この会社では今、多角的な取り組みを始めています。面談の際の上司・部下の対話のあり方を見直すこと、対話の題材としてお客様からの評価を活用する仕組みを導入すること、「評価の目的」や「目指す組織像」を全社員に繰り返し語りかけること。

新制度の設計思想が共有され、ふさわしい運用が離陸することを目指して。

❖制度が、理念実践の成否を握る

ある、エグゼクティブサーチ（ヘッドハンティング）会社のコンサルタントの方から、面白いお話を聞いたことがあります。

外資系で、世界に拠点を持つ、由緒あるそのヘッドハンティング会社のコンサルタントの給料は、「完全年功序列、歩合給なし」である、と。

通常、こういった会社の社員の報酬は、歩合制です。たとえば、ある管理職の移籍を実現すると、受け入れたクライアント企業からは、その管理職の年収の何割かのフィーがヘッドハンティング会社に支払われます。そして、ヘッドハンティング会社は、そのフィーの何割かを、担当したコンサルタント個人に支払う、という仕組みです。

しかし、この会社の考えは、違うのです。

自分たちは、チームで仕事をする会社である、と。

多くの知恵や情報が、自由に行き交う文化をつくるために。コンサルタントが、自分の担当案件だけでなく、ほかのコンサルタントが担当する案件にも、躊躇なく貢献できるように。個人業績評価連動報酬の廃止は、その目的のために、必要な手段なのです。

そして、自分たちは、数十年に渡って候補者と付き合っていく会社である、と。

ひとりのビジネスパーソンのキャリアの中で、本当に転職に相応しいタイミングは数回に過ぎない。そのタイミングのときにその人のそばにいられるためには、長い年月の、信頼の積み重ねが大事である。歩合に目が眩んで、最善とは言えない転職を無理に勧めるようなことはあってはならない。それがこの会社の道理なのです。

「候補者の一人ひとりと、二十年間付き合える関係を築くよう、努力しなさい」

これがそのコンサルタントに、創業者がかけてくれた言葉だったとのことです。

世界的に名高い、ある戦略コンサルティングファームでは、「洞察」、「成果」、「信頼」の三つを価値観として掲げていますが、彼らの人事評価項目も、これと連動しています。

プロジェクトが終了するたびに、上司と部下が互いを評価し、三十分間の相互フィードバックを行います。この場は、互いの、プロとしての成長のために不可欠なものとして、必ず設けられているのです。

たとえば、コンサルタントは、上司であるプロジェクトマネジャーを評価します。「プロジェクトマネジャーとしての洞察、成果、信頼の実践」を言語化した評価項目に即して、上司を評価し、上司にアドバイスを与えることが求められるのです。

このプロセスでコンサルタントは、「上司が日々どんな行動をしていたか」を振り返るだけでなく、「自分が昇進した際には、どんな行動をするべきだろうか」と自然に考えるようになります。同時に、「部下として自分の日々の行動は適切だっただろうか」ということも、考えるようになります。

そして、常に自らに問いかけるようになります。
「更に高い洞察、成果、信頼を実現するには、どうしたらいいだろうか」

相互フィードバックの仕組みによって、このファームでは、プロフェッショナル自身の内省――それも多層的な内省――を促しているのです。互いの成長のために貢献することが、相互評価の目的である。この理解が前提にある限りは、フィードバックは真摯な内省と語りあいの場になるのです。

このとき、上司と部下はside by sideの関係になります。コンサルタントとしての理想の姿、という共通の憧れにつながって、共に歩く仲間なのですから。

❖何のための調査か

デンソー・スピリット・プロジェクトの話に戻ります。

同社のプロジェクトチームと私たちも、仕組みの導入に着手しました。まずは、「スピリット共有度・実践度調査」を行うことになりました。

チーム全体で心がけたことは一つです。

この調査が、スピリットの共有と実践の、更なる推進につながること。

結果としてこの仕事は、アンケート調査を設計し、実施し、分析する、というところに留まりませんでした。プロジェクトチームと私たちは、調査結果をもとに、現場の管理職とメンバーの間の対話を促す施策を展開したのです。

まずは、管理職全員に対して、ワークショップを開催しました。分析結果を発表する。自分の職場のデンソー・スピリットの共有度・実践度について、冷静に見てもらう。その上で、共有と実践の更なる推進のために、何をしたらいいか、考える。参考に、共有度・実践度の高い職場が、どのような工夫をしているのかについて、具体的に紹介する。

その上で、全管理職に対し、二時間の「予算」を提供したのです。

管理職がこの調査を職場に持ち帰り、職場でスピリット推進についてメンバーと共に語り合うための二時間を、各職場の生産性指標から外し、そのコストを本社が負担することになったのです。

生産性を極限まで追求している各職場において、ただ話し合いなさい、具体策を決めなさい、と言っても、優先順位は下がってしまいます。

調査の目的は、単にチェックすることではない。デンソー・スピリットの共有と実践を、更に推進することである。

プロジェクトチームのこの思いは、結果として、スピリットに対するトップマネジメントの強い意思を浮き彫りにしたのでした。

❖手段は目的を必要とする

誰しも、目の前の仕事を片付けることに終始しがちになります。仕組みや制度も、それを作ること自体が目的化してしまいがち。

しかし、本当の目的を見誤って、あるいは、見失われて作られた仕組みや制度は、思わぬ行動や組織風土を助長します。

一方、優れた仕組みや制度は、組織の理念を、その一人ひとりに根付かせる手段となります。

だからこそ、ここで、自らに問う必要があるのです。
自分たちは、どんな組織を作りたいのか。
何の実現を目指し、誰とどのように働き、一人ひとりがどのようにつながっている組織に憧れるのか。

企業の理念は、手段として優れた仕組みや制度を必要とします。

そして、仕組みや制度も、目的として優れた理念を必要とするのです。

だから私たちのチームは、様々な人事・組織のコンサルティングをしながらも、「企業理念」「人事理念」の再構築を大切にしているのです。

II

つながりが生み出す力、つながりを生み出す力

組織のすべての人々が、理念と自分自身の「つながり」を見出し、行動を通じてそれを表現している状態。

目指したいのはこの状態である、と第二章で記しました。

なぜ、理念を共有する必要があるのか。

今あらためて考えてみたいと思います。

❖ブランドは、もろいもの

この数年で、いくつもの、歴史ある名高い食品会社が、品質に関する不祥事をきっかけに消え去ったり、大幅な事業の縮小を余儀なくされたりしてきました。

しばらく前には、超大手の家電メーカーが、不適切な顧客対応をウェブ上で暴かれ、評判を大きく損なったことがありました。

ブランドとは、もろいもの――このような例は枚挙にいとまがありません。

高い品質で知られるデンソーが、品質上の不具合を多発させるようになったら。

先進的な製品を出しつづけてきたデンソーが、他社の真似しかできないようになってしまったら。

デンソーの人事部長が抱いていた不安も、根は同じものです。

リクルートでは、多くの企業の採用のお手伝いをしていますが、ここでも、ウェブや紙媒体、イベントなどの周到な設計によるブランド・イメージ形成のための努力が、実は非常に脆弱な基盤の上になりたっていると感じることがあります。

企業側が、いくら「起業家精神に溢れ、若い人でも活躍できる」イメージを打ち出そうとしても、面接担当者が青菜に塩のような表情で学生に会ったら、結果は明らかです。その学生をがっかりさせるに留まらず、ウェブを通じて喧伝され、多くの学生からの信頼を失うことになるのです。

会社と社会の間にあるのは「壁」というよりむしろ「浸透膜」です。会社の評価を決定づけるのは、「人」なのです。

❖強い組織は、理念を表現し続けている

「ブランドとは、自分の理念を表現し続けることで、関係性の中に生まれる、認識の束である」と、私たちは考えています。

たとえば、ルイ・ヴィトンは、「鞄とはどうあるべきか」という理念を持っています。そして、その理念を、鞄の美しさや堅牢さなどで表現しています。それだけでなく、鞄の売り方や、修繕などのサービスなどでも表現しています。

メルセデス・ベンツは、「よい車のある生活とは何か」という理念を表現し、福沢諭吉は、「気品の泉源、智徳の模範たらんことを期」して、慶應義塾を作ったのです。

ヴィトンやメルセデス、慶應義塾が今、強いブランドの力を享受しているのは、彼らが、その理念の表現に、妥協せず取り組み続けてきたからです。商品・サービス・広告・人の立ち居振舞いなどのさまざまな局面において、そして長い年月にわたって、その理念を表現し続けてきたからです。

そして、そのブランドは、彼らが所有しているのではなく、人々の認識の中に存在しているのです。

あるとき、どこかの局面で、その表現にほころびが生じたら。

表現し続けるという意志に、妥協が生じたら。

人々の認識の中の彼らの姿は、いずれ大きく変わってしまうことでしょう。

前述の食品会社に起こったことが、彼らに起こらないとは、言えません。

ブランドが「自分の理念を表現し続けることで、関係性の中に生まれる、認識の束」である以上、ブランドを築き、維持しつづけるためには、煎じ詰めればたった一つのこと――「すべての人々が、自らの組織の理念の、表現者になること」――が重要になるのです。

❖理念は、組織における意義の源泉

「自らの組織の理念の、表現者になること」は、組織にとってだけでなく、「人々」にとっても、大切なことです。

ナチスの迫害を生き延び、名著「夜と霧」を記した精神科医のビクトール・フランクルは、こう言います。

「人間の主な関心事とは、喜びを得ることでも、痛みを避けることでもなく、自分の人生に意義を見出すことなのである」

理念とは、組織における最大の「意義の源泉」です。

私たちは、何に憧れているのか。
何を世の中にもたらしたいのか。
なぜ、この活動が必要なのか。
なぜ、このような方法をとるのか。

そのような問いに対する答えになるのが、理念なのです。

この種の「なぜ」に答えられないと、人はいつしか自分が働いていることに、深い意義を見出せなくなります。

収入を得るためだけに働く。そういう次元の意味づけだけでは、「人間の主な関心事」を満たすことはできません。経済的に豊かでありながら仕事の意義に悩む人の多さが、それを証明していると思います。

経営者やリーダーは、時に、省みる必要があるのではないでしょうか。

あなたの組織の理念が、関わる人々にとって、表現したいと思うに足るものなのかどうか。

そして、あなた自身が、それを表現したいと、願っているのかどうか。

❖信じることから始まる

理念共有に当たって、大切な考え方や姿勢があるとすれば、何か。

実際に、どんなアプローチが、理念共有を促すのか。

あらためて振り返ってみましょう。

「つながりを語り、つながりを問う」。

「スローガンを叫ぶ」のではなく「物語を語る」。

「説明する」のではなく「情景を生み出す」。

「浸透する」のではなく「共有する」。

「教える」だけでなく「共に歩む」。

「言い尽くす」のではなく「余白をつくる」。

「仕組みの目的を問う」。


これらすべてを貫く、一つの言葉があります。

信頼。


宝物は相手の中にあるという信頼。

物語が内省を生むという信頼。

イメージが、一人ひとりの能力を開放するという信頼。
共に歩む者同士の、信頼。
余白が、主体的な関与を生むという信頼。
その信頼を揺るがずに持ったときに。
人と組織に、本当に大切なつながりが生まれる。
私たちは、そう信じています。

デンソー・プロジェクト・ストーリー⑤

Epilogue

つながりは、世界へ

「地域や国によって多少の差はありますがね。共有活動は立ち上がってきましたよ。熱心なところでは、職場での行動も変わってきています」

二〇〇七年二月。

デンソーのプロジェクトチームとリクルートＨＣの定期的なミーティングでは、前月に行われた「地域拠点連絡会」の様子を、山口次長がにこやかに語った。佐藤人事部長から引き継いだ、グローバルな共有活動のリーダーとしての姿が、すっかり板についている。傍らには坂口さんと小澤さん。ふたりとも、山口次長と共に、世界中を廻って共有活動に火をつけてきた。

デンソー・スピリット明文化プロジェクトの発足から、三年。

企業事例の調査を踏まえて策定した「五つのハコ」のモデル、キリスト教の研究から導き出された「三つの道筋」のモデルをもとに、デンソー・スピリット共有の取り組みが今、着実に実践されている。

欧州の各拠点では、従業員から「物語」を集め、それを語り合いに活用している。英語で記された数々のデンソー・スピリットに関わる物語集を、山口次長が見せてくれた。他にも、デンソー・スピリットを記した格好良いデザインのカードが作られ、欧州各拠点の社員は常にそれを携行しているという。

「このカード、すごいでしょう。ちょっとカレー屋の看板みたいで」

坂口さんが、笑いながら見せる。

インドの拠点で配られているカードは、欧州で作られたカードとはデザインが異なる。欧州のカードは赤を基調としたシンプルでスタイリッシュなものだが、インドでは「発展」を意味するグリーン、「情熱」を表すサフランなど、国旗の色をカードのデザインに取り入れている。彼らはまた、「デンソー・スピリット・ソング」を作ったという。地域によって共有の具体策は違っていても構わないのだ。

小澤さんが、大きなポスターを広げながら言った。

「これ、俳優じゃないですからね。工場の従業員。しぶいですよね」

米国ミシガン州の工場内に掲示されているものらしい。スピリットを実践している従業員を紹介するポスターなのである。スピリットを湛えた力強い目と生き生きした表情が印象的だ。写真の隣に、彼・彼女がどんなことに取り組んでいるかが記載されている。

アーカンソー州にある工場では、人一人が入れるほどの円を床に描き、「スピリット・サークル」と命名。週に一度、管理職が「スピリットを実践していた従業員」を選出し、どんな点が良かったかを皆に説明している。選ばれた従業員は、皆の前でスピリット・サークルに立ち、工場長の賞賛を受けるのだ。

そういえば、プロジェクトメンバーだった中島さんは今、米国の拠点に出向し、デンソー・スピリット・プロモーターの活動を支えている。

トルコの工場の玄関には、入ってきた人が必ず目にする位置に、中央に大きく「DENSO Spirit」とプリントされた旗が掲げられている。その余白の部分には、全従業員のサインが記されている。一人ひとり、スピリットを実践するという誓いをこめてサインするのだ。

もう一枚の写真があった。タイ人のマネジャーが、デンソー・スピリット・プロモーターとして、私たちが設計したスピリット研修のトレーナーを務めている。工場のトップもその様子を見守っている。第九章でマークが参加したフォーラムの後、研修はパッケージ化され、世界各地で現地のマネジャーによって実施されている。そういえば、あの冊子も、十三カ国語に翻訳され、使われている。

こういった世界各地での展開をまとめ、また、促していくために「グローバル改善プロジェクト」を設置することも決まった。日・米・欧・アジアなどの各地域の代表者が集まる。デンソー・スピリットの共有活動の全体的な設計の確認や、進捗状況のモニタリング、拠点での共有のノウハウの交換などを行う場として定期的に開催される。日本で私たちリクルートと共同開発し、実施した「スピリット共有度・実践度調査」を、世界各国で実施することも視野に入ってきた。

日本国内でも。

全社的に策定されたデンソー・スピリットの現場レベルでの実践をさらに推進するため、同社の法務部では、具体的な業務内容に即して定義した「法務部員行動指針」がまとめられたという。役員や管理職に現場の担当者も加えたチームで策定したその指針を、週一回、昼休み後に部内の全員で唱和し、持ち回りで自分の考えを述べるスピーチも行っているそうだ。

「法務部の室長が言うには、職場での会話の質が上がってきたようだ、と。行動指針はできて当たり前で、そこからさらに高いレベルを追求するようになったそうです。部下の指導にあたっても、皆で決めた行動指針に立ち返ることができるので、コミュニケーションが効果的・効率的になった、と」

山口次長が語る。

「現場の担当者も、デンソー・スピリットの共有のために積極的に関わり、独自の取り組みを行っているんです。本当に嬉しいことです」

世界三十カ国、十万人。

今の私たちには、その一人ひとりの働く様子や表情が、目に浮かぶ。

「デンソー・スピリットは着実に広まっています」

山口次長が、嬉しそうに言った。

私たちリクルートHCにも、変化が生じていた。

デンソー・スピリットに向き合うなかで、私たち自身のスピリットについても考えさせられたのだ。

「自己の最善を他者のために尽くし切る」という、上智大学の山岡三治氏に教わった言葉が、いつしか私のスピリットになっていた。

「そもそも、何を目指しているのか、何をなそうとしているのか」と、吉川は常に問いかける。自分にも、チームにも。

試行錯誤しながらも私たちは、常に楽しみながら、このプロジェクトに取り組んできたように思う。

ＨＣの目指す姿。

お客様の真の課題を明確にし、創造的な解決策を提示する。
最後までお客様と共に歩み、課題を必ず解決する。
そして、人と組織のあり方を、社会に提唱していく。

今、私たちには、その物語がある。

「十年がかりの仕事ですから、まだまだ、これから、です。今後も、いろいろと困難に直面するかもしれませんが――」

帰り際に、山口次長は振り向いて、言った。

「総智・総力で、やっていきます」

「きっと、うまくいきますよ」

風に、春を感じた。

あとがき――感謝をこめて

経営理念共有の、意味、基本となる思想、そしてアプローチ。
私たちの考えを、本という形で世に問いたい。
この本を手に取った人々の意識や行動に、意味のある変化が起こったら。
その変化が、会社・社会・そこに生きる人々の幸福の希求に繋がったら。

それが、私たちの、憧憬でした。

この憧憬に向かう旅路でお世話になった多くの方々に、ここで感謝したいと思います。

株式会社デンソー様には、今回同社との取り組みを本で取り上げることを快く許していただきました。同社の本社をはじめ、米国、中国などの拠点の皆様にも多大なるご協力を頂戴いたしました。なおこの本では、登場人物をすべて仮名とするなどの脚色を施しましたことを、改めて申し添えます。

私たちＨＣがこの五年間に仕事をさせていただいた約八十社のクライアントの皆様。皆様との一つ一つの仕事の積み重ねが、この本でのメッセージにつながっています。

提案の機会をいただきながら、私たちの力不足から残念ながら仕事をご一緒できなかったクライアントの皆様。提案をまとめる、そして敗因を振り返るプロセスは、自らの考えを結晶化するための、ありがたい時間でした。

仕事に共に取り組んでくださった、多くのパートナー（組織、個人）の皆様。取材やインタビューなどで貴重な知見を共有くださった皆様。

私たちを、さまざまな形で、支え、指導してくださっている皆様。

この本でご紹介したものも含めて、どの仕事も、皆様のさまざまなお力添えがあってはじめて成り立っている、と思っています。

原田英治社長をはじめとした、英治出版の皆様には、私たちの憧憬を共有し、共に歩んでいただいたことに、感謝いたします。特に、本書のプロデューサーである高野達成さんとの共同作業は、きわめて創造的で、刺激的なものでした。

今回、この本をまとめるに当たっては、私が、一人称単数で、読者の皆様に語りかけるというスタイルを主軸としました。そのほうが皆様により多くを「感じて」いただけるのではないかと考えたからです。

しかしこの本は、私たちＨＣがチームとして取り組んだ成果です。特に、今回の出版プロジェクトのメンバーである吉川克彦、植垣晶恵、山内昌子、古川亮、そして藤崎信は、さまざまな形でこの本の実現に寄与してくれました。

最後に、読者の皆様に感謝いたします。

あえて語り尽くさず、余白を多く取ることを選んだこの本は、皆様に想像力の駆使を求めたはずです。しかし、それゆえに、皆様が、読みながらさまざまな思索をめぐらせて下さったことを、私は信じています。また、その結果、皆様の意識や行動に、何らかの意味ある変化が起こったとすれば、本望とするところです。

二〇〇七年三月

編者を代表して

リクルート　HCソリューショングループ　高津　尚志

◎編著者

株式会社リクルート　HCソリューショングループ

Recruit Co., Ltd.　Human Capital Solution Group

2001年10月に設立された、株式会社リクルートの戦略人事コンサルティング部門。組織ミッションとして、「一人ひとりが生き生きと働ける人と組織の新しいあり方を顧客と協働・創造し、社会に提唱すること」を掲げ、リクルートグループの知見を活かした、創造的・革新的な課題解決の創出と提供に取り組んでいる。

主なテーマは、理念の共有、戦略の具体化と実行促進、戦略に基づく人事施策の立案と展開、人材を惹きつける組織づくりなど、「戦略と人・組織をつなぐ」領域。

「最後まで顧客に伴走し、必ず課題を解決する」ことを信条とする。

URL　http://hc-solution.recruit.co.jp/HCS/

高津　尚志

Naoshi Takatsu

株式会社リクルートHCソリューショングループ
エグゼクティブ・コンサルティング・ディレクター
1989年早稲田大学政治経済学部卒業。日本興業銀行、ボストンコンサルティング グループを経て、2002年にリクルートに入社。HCソリューショングループの発足初期から参画し、グループのメンバーと共に数多くのクライアント企業の課題解決に取り組んできた。リクルートではこの他、新卒採用領域の新事業である「就活2ndステージ」のビジネスコンセプト考案などにも携わる。
次世代ビジネス・社会リーダーの育成に取り組む特定非営利活動法人「ISL」のパートナー。INSEAD（欧州経営大学院）MBA。ESCP（パリ高等商科大学）でマーケティングとコミュニケーションを専攻。桑沢デザイン研究所基礎造形専攻修了。

感じるマネジメント

発行日	2007 年 4 月 30 日　第 1 版　第 1 刷
	2023 年 11 月 15 日　第 1 版　第 7 刷
編著者	株式会社リクルート　HC ソリューショングループ
発行人	原田英治
発行	英治出版株式会社
	〒 150-0022 東京都渋谷区恵比寿南 1-9-12 ピトレスクビル 4F
	電話　03-5773-0193　　FAX　03-5773-0194
	www.eijipress.co.jp
プロデューサー	高野達成
スタッフ	藤竹賢一郎　山下智也　鈴木美穂　下田理　田中三枝
	平野貴裕　上村悠也　桑江リリー　石﨑優木
	渡邉吏佐子　中西さおり　関紀子　齋藤さくら
	荒金真美　廣畑達也　木本桜子
印刷・製本	中央精版印刷株式会社
装丁	中井辰也

ISBN978-4-86276-002-9　C0034　Printed in Japan